큐티양육 길을 찾다

큐티양육 길을 찾다

지은이 | 김철진
초판 발행 | 2013년 3월 18일
3쇄 발행 | 2019. 9. 10.
등록번호 | 제3-203호
등록된 곳 | 서울특별시 용산구 서빙고동 95번지
발행처 | 사단법인 두란노서원
영업부 | 2078-3333 ᶠᴬˣ 080-749-3705
출판부 | 2078-3477

책 값은 뒤표지에 있습니다.
ISBN 978-89-531-1902-4 03230

독자의 의견을 기다립니다.
tpress@duranno.com   http://www.Duranno.com

이 책의 성경 본문은 개역개정판을 사용했습니다.

두란노서원은 바울 사도가 3차 전도여행 때 에베소에서 성령 받은 제자들을 따로 세워 하나
님의 말씀으로 양육하던 장소입니다. 사도행전 19장 8-20절의 정신에 따라 첫째 목회자를
돕는 사역과 평신도를 훈련시키는 사역, 둘째 세계선교(TIM)와 문서선교(단행본 · 잡지) 사역,
셋째 예수문화 및 경배와 찬양 사역, 그리고 가정 · 상담 사역 등을 감당하고 있습니다. 1980
년 12월 22일에 창립된 두란노서원은 주님 오실 때까지 이 사역들을 계속할 것입니다.

큐티양육 길을 찾다

김철진 지음

두란노

Contents

Contents

일대일로 배우고 가르치는
큐티 양육

큐티(QT, 이후 큐티로 통칭)는 1970년대 한국 교회에 소개되기 시작한 이후 경건 훈련의 주요한 한 흐름으로 자리를 잡아 왔습니다. 이러한 과정 속에는 기독 출판사, 기관, 그리고 많은 목회자와 큐티 사역자들의 헌신이 있었습니다. 특히 목회자를 포함한 큐티 사역자들은 교회 현장에서 큐티를 소개하며 정착시키는 과정에 함께했을 뿐 아니라 큐티와 관련된 많은 책자를 보급함으로써 교회와 성도들이 큐티에 쉽게 접근할 수 있는 기반을 마련해 주었습니다. 이러한 헌신의 결과로 큐티와 관련된 책들은 부족함 없이 풍성하게 보급되어 있으며 지금도 계속해서 큐티와 관련된 책자들이 보급되고 있습니다.

한 가지 아쉬운 점이 있다면 큐티와 관련된 책이 많이 보급되어 있음에도 정작 교회 현장에서 활용할 수 있는 큐티 양육 교재가 거의 없다는 사실입니다. 큐티를 비롯해 하나의 양육 프로그램이 교회 내에 자리 잡기 위해서는 반드시 체계적인 양육 시스템, 양육 교재, 그리고 양육을 위한 인적 자원의 확보가 필요합니다. 양육을 위한 교재 없이 양육 시스템을 세우거나 인적 자원을 확보하는 일이 불가능하다는 사실을 감안할 때 큐티 양육 교재의 빈곤은 큐티가 교회의 양육 프로그램으로 자리 잡기 어렵게 만든 중요한 이유 중 하나라고 할 수 있습니다. 이런 관점에서 교회의 양육 현장에서 사용할 수 있는 큐티 양육 교재의 보급은 더 이상 미룰 수 없는 시급한 과제입니다.

여기에 덧붙여 생각해 보아야 할 문제가 있습니다. 현재까지 교회에서 큐티 양육과 훈련을 위해 의존해 온 방법은 강의와 세미나였습니다. 세미나에 의존하는 양육 방법은 양육을 통한 재생산이 어려울 뿐 아니라 교회 자체적인 양육 프로그램으로 자리를 잡는 데도 한계가 있습니다. 이러한 측면에서 단순히 큐티 양육 교재의 부족함을 메우는 대안으로서의 교재가 아닌 양육의 연속성을 확보할 수 있는 큐티 양육 교재가 공급되어야 합니다.

큐티 양육을 위한 교재가 부족하다는 것 외에도 교회의 양육 체계 안에 큐티를 수용하기 어렵게 만든 또 다른 이유가 있습니다. 현재까지 소개된 큐티 관련 책자들은 큐티에 대해 성경적으로 접근하기보다 경험적으로 접근해 온 측면이 두드러집니다. 저자에 따라 개인의 경험을 바탕으로 이론을 정립하거나 방법론적인 측면에서도 가톨릭의 관상과 관련된 이론을 수용해 경험적 측면을 강조하고 구체화한 이론이 대부분입니다. 그래서 저자에 따라 강조되는 부분이 다르다는 문제점뿐 아니라 큐티의 이해에 있어 비성경적인 부분이 발견되기도 합니다. 큐티와 관련해 개인의 경험적 측면이 강조되는 이유는 성경적 바탕 위에 신학적으로 이를 정의하기보다 개인의 경험에 의존해 큐티를 정의했기 때문입니다. 이러한 경향의 문제점은 신학적 토대가 부실한 성도들이 성경의 진리와 무관하게 자신의 상황과 필요에 따라 말씀을 묵상하고 적용함으로써 신앙이 왜곡되는 결과를 초래할 수 있다는 데 있습니다. 목회자들이 큐티를 교회 양육 프로그램으로 수용하는 데 주저하는 이유 또한 이러한 위험성을 간과할 수 없었기 때문일 것입니다.

이러한 문제를 조금이나마 보완하기 위함이 이 책을 쓰게 된 동기이자 목적입니다. 이 책은 큐티에 대한 책이 아니라 큐티 양육을 위한 교재입니다. 그리고 양육의 연속성을 확보하고 교회 내에 큐티 양육 시스템을 세우는 데 사용할 수 있도록 내용을 구성했습니다.

현재 제자 양육과 관련해 보급된 교재들은 주로 일대일 또는 소그룹으로 양육할 수 있도록 구성되어 있으며 실제로 일대일과 관련된 책자를 제자 양육에 이용하는 교회들이 많습니다. 그래서 목회자와 성도들에게 '일대일 양육은 곧 제자 양육'이라고 이해되기도 합니다. 하지만 사실상 일대일은 양육의 내용이 아니라 양육의 방법입니다. 일대일 양육 방법을 이용해 기독교 및 신앙의 기본교리를 가르치는 것이 현재의 '일대일 양육'이라고 할 수 있습니다. 일대일 양육은 양육과 훈련에 있어 일대일이라는 양육 방법이 얼마나 효과적일 수 있는지 잘 보여 줍니다. 일대일이라는 효과적인 양육 방법이 있음에도 불구하고 현재까지 큐티 양육은 강의와 세미나에 전적으로 의존해 왔는데, 그럴 수밖에 없었던 이유가 일대일로 큐티를 양육할 수 있는 교재가 없었기 때문입니다. 이러한 문제점에 대한 인식에서 출발해 교회에서 일대일로 큐티를 양육할 수 있도록 만든 것이 이 교재입니다.

이 교재는 큐티 양육을 위한 교재지만 양육에 대한 방법적인 전환이라는 측면만을 고려한 것은 아닙니다. 이 교재는 개인적인 경험치의 합으로 큐티를 정의하는 대신 성도들이 성경적이고 신학적인 큐티론을 바탕으로 큐티를 이해하고 접근하도록 했습니다. 이를 통해 양육 과정 속에서 신앙과 삶의 문제를 성경적으로 바라볼 수 있도록 구성했습니다. 이 교재는 단순히 큐티를 어떻게 이해하고 체질화할 것인가에만 초점을 두고 있지 않습니다. 율법의 현대적 이해와 적용에 대한 성경적 관점, 구원과 그리스도인의 삶에 대한 성경적 관점, 축복과 고난 등 일상의 문제에 대한 성경적 관점, 자유와 은혜에 대한 성경적 관점은 신앙과 삶을 이해하는 기초적인 문제들이면서도 구체적인 삶과 연결해서 분명하게 대답하기 어려운 문제들입니다. 신앙과 삶에 관련된 이러한 문제들을 성경적으로 이해하지 못하면 큐티 역시 신앙과 삶의 본질과 무관한 형태로 지엽적인 문제만을 다루게 될 것입니다. 이러한 문제점을 해결하기 위해 이 교재는 성경을 이해하는 기초적이며 본질적인 주제들을 다루었으며 이를 바탕으로 개인의 큐티가 이루어지도록 구성했습니다. 또한 모든 과정은 이론적인 측면을 설명하거나 각 과의 주제와 관련된 성경적 근거를 제공하는 데 그치지 않고 주제와 관련된 본문에 대한 묵상과 적용의 예를 제공함으로써 개인적인 큐티 훈련이 가능하도록 구성했습니다.

큐티는 제자로 부르심 받은 모든 사람이 할 수 있으며 해야 하는 것입니다. 모든 사람이 할 수 있기에 큐티는 쉽습니다. 하지만 모두가 해야 하는 것이기에 제대로 훈련받아야 하는 것이 큐티입니다. 큐티의 '쉬움'이

가벼움이 아닌 '깊음'에서 나온 것이 되기를 바라며 이 교재가 큐티에 대한 건강한 이해와 큐티를 통한 건강한 성장, 그리고 교회에서의 큐티 양육에 도움이 될 수 있기를 소망합니다.

2013년 3월
김철진

PART 1

큐티,
제대로 알고 있습니까?

말씀을 통해 하나님과 교제하는 과정에서 하나님을 알아 가게 되고
우리를 향한 하나님의 뜻과 하나님의 진심을 알게 됩니다.
하나님과의 교제는 현실의 삶 속에서 하나님께로 가까이 가는 선택과
하나님 편에 서는 결정을 가능하게 하는 원동력이 됩니다.

큐티는 만남입니다

> 하나님이 주신 말씀을 받고 인내로 믿음을 지키면,
> 약속하신 말씀이 삶에 이루어질 것이다.
> – T. F. 테니

큐티의 유래

큐티(QT)라는 이름은 1882년 영국 캠브리지 대학의 후퍼(Hooper)와 소튼 (Thorton) 등 몇몇 학생들이 시작했던 경건 훈련에서 유래되었습니다. 그들은 그리스도인이면서도 세속적인 마음과 생활로 가득한 자신들의 문제를 해결하기 위해 하루의 일부를 성경 읽기와 기도로 보내며 이러한 영적 훈련을 'Quiet Time'(경건의 시간, 약칭 QT)이라고 불렀습니다. 이후 그들은 중국 선교사로 헌신해 평생을 하나님과 동행하고 주님의 사역을 감당했으며, 여러 사람이 이들의 경건 훈련 방법인 큐티(QT)를 사용하게 되었습니다.

새벽 기도나 금요 철야 기도 등 기도 운동이 교회의 영성을 주도하던 한국 교회에 큐티가 본격적으로 소개된 것은 1973년 성서유니온선교회에서 큐티지 「매일성경」을 발간하면서부터입니다. 이후 「생명의 삶」(1987년, 두란노)을 비롯한 다양한 큐티지가 발간되면서 큐티는 한국 교회의 중요한 영성 훈련으로 자리 잡게 되었습니다.

큐티의 정의

큐티(QT, 이후 큐티로 통칭)는 Quiet Time의 약자입니다. 큐티는 '조용한 시간' 또는 '경건의 시간'이라는 의미를 가지고 있으며 하루 중 시간의 일부를 떼어 말씀을 묵상하고 하나님과 교제하는 것을 말합니다.

❖ 개인의 일과를 나누어 보십시오.

❖ 개인적으로 '경건의 시간'을 가져야 할 필요에 대해 나누어 보십시오.

❖ 지금까지의 개인적인 경건 생활과 영적 훈련에 대해 나누어 보십시오.

큐티의 본질은 하나님과의 교제에 있습니다. 하나님은 인격적인 사랑의 관계를 위해 우리를 지으셨습니다. 하나님은 우리와 친구가 되기를 원하시며 우리와 교제하고 함께하시기를 진심으로 원하십니다. 하나님과의 교제는 우리의 삶에 많은 변화와 축복을 가져옵니다.

❖ 요한복음 15장 1~8절을 읽으십시오.

❖ 하나님과의 교제가 가져오는 축복에 대해 어떻게 설명합니까? 하나님과의 교제가 없을 때 어떻게 된다고 경고합니까?

❖ 우리가 어떤 방법을 통해 하나님과 교제할 수 있는지 나누어 보십시오.

❖ 당신은 실제 하나님과 어떻게 교제하고 있습니까? 하나님과의 교제가 개인의 삶에 미치는 영향에 대해 나누어 보십시오.

하나님과의 교제는 단순한 느낌이나 생각 또는 상상에 의존하는 것이 아닙니다. 성경은 하나님과의 교제를 위해 우리에게 허락하신 도구로 두 가지, 곧 말씀과 성찬을 언급합니다. 큐티는 그중 말씀을 통해 하나님과 교제하는 방법입니다.

큐티는 말씀이 육신이 된 사건('말씀이 육신이 되어 우리 가운데 거하시매', 요 1:14)처럼 말씀이 우리 삶에 찾아오는 사건이며 성령님의 도우심과 인도하심으로만 가능한 성령 사건이기도 합니다. 성령은 우리 마음에 갈급함을 주셔서 말씀 앞으로 이끌어 가시며 말씀 앞에서 자신의 모습을 정직하게 바라보게 하십니다. 또한 말씀을 따라 살도록 힘을 주십니다.

큐티는 정해진 시간에 이루어지는 하나님과의 교제뿐 아니라 매일 말씀과 동행하는 삶에 그 목적이 있습니다. 말씀을 통해 하나님과 교제하는 과정에서 하나님을 알아 가게 되고 우리를 향한 하나님의 뜻과 하나님의 진심을 알게 됩니다. 하나님과의 교제는 현실의 삶 속에서 하나님께로 가까이 가는 선택과 하나님 편에 서는 결정을 가능하게 하는 원동력이 됩니다. 이처럼 하나님과의 교제를 바탕으로 매일의 삶에서 하나님과 동행하기 위해 반드시 필요한 것이 큐티입니다. 그렇다면 우리가 말씀과 동행하는 삶을 살아야 하는 이유는 무엇일까요?

큐티는 제자도이다

그리스도인으로서 교회에서뿐 아니라 세상에서 열매 맺는 삶을 살기 위해서는 영의 양식인 말씀을 먹어야 합니다. 유대인의 교육 원리는 자녀들에게 물고기를 잡아 주는 것이 아니라 물고기 잡는 법을 가르치는 것이라고 합니다. 말씀을 통해 성장하고, 성숙한 그리스도인으로서 살아가기 위해서는 권위 있는 사람의 해석에만 의존하는 경향에서 벗어나 매일 스스로 말씀을 먹는 방법을 배우고 훈련할 필요가 있습니다. 매일 스스로 영의 양식인 말씀을 먹는 큐티를 훈련해야 하는 이유가 여기에 있습니다.

성경 공부는 그리스도인이 아니라도 누구나 할 수 있습니다. 하지만 큐티는 그리스도인만이 할 수 있으며 그리스도인이라면 누구나 해야 하는 것입니다. 그리스도인에게 큐티는 왜 선택이 아닌 필수가 되어야 할까요? 큐티에 대한 정확한 이해를 통해 그리스도인에게 반드시 큐티가 필요한 이유를 생각해 보겠습니다.

1. 가치 있는 삶

큐티를 해야 하는 첫 번째 이유는 자신에게 주어진 삶을 제대로 살기 위해서입니다. 자신의 인생을 무의미하게 살고자 하는 사람은 없습니다. 그래서 자신에게 주어진 삶을 각자 가치 있다고 여기는 일에 헌신합니다.

❖ 자신이 개인적으로 좋아하고 우선순위를 두는 것, 시간을 쏟으며 열심을 내는 것이 스스로 가치 있게 여기는 것입니다. 자신이 가치 있게 여기는 것은 무엇입니까?

돈에 가치를 두는 사람이 있는가 하면 명예나 지위에 가치를 두는 사람이 있습니다. 사람마다 각자 가치 있게 여기는 것은 다를 수 있습니다. 이처럼 가치 있게 여기는 것들은 다르지만 대부분의 사람들이 가치를 평가하는 기준은 같으니다. 바로 '크기'입니다. 물질에 가치를 두는 사람은 소유의 많고 적음으로, 몸에 가치를 두는 사람은 장수와 건강으로 삶의 가치를 평가합니다. 그래서 더 많은 것을 얻고 더 높은 곳에 오르고 더 오래 살고자 합니다. 그렇다면 이와 같은 우리의 가치 평가 기준이 과연 올바른 것일까요?

❖ 시편 37편 16절을 읽으십시오.

❖ 이 구절은 의인이 소유한 적은 물질이 악인이 소유한 많은 물질보다 낫다고 말합니다. 그 이유가 무엇인지 나누어 보십시오.

악인이 많은 물질을 소유하면 그 물질을 어떻게 사용할까요? 악인이 건강하면 인생을 어떻게 살까요? 또한 악인이 장수하면 어떨까요? 결코 선하고 옳은 일에 이것들을 사용하지 않을 것입니다. 의인의 적은 소유가 악인의 많은 소유보다 낫다고 말하는 이유가 바로 여기에 있습니다.

돈이 사람을 가치 있게 만드는 것이 아니라 사람이 돈을 가치 있게 만드는 것이며 어떤 자리에 앉느냐가 그 사람의 가치를 정하는 것이 아니라 어떤 사람이 앉느냐에 따라 그 자리의 가치가 달라지는 법입니다. 돈이 사람을 가치 있게 만든다고 생각하는 사람은 돈의 노예로 살고 사람이 돈을 가치 있게 만든다고 생각하는 사람은 돈의 주인으로 살게 됩니다.

물질의 가치는 그 소유의 많고 적음에 달린 것이 아니라 누구의 소유인가에 의해 결정됩니다. 우리의 인생도 마찬가지입니다. 인생의 가치 역시 누가 그 인생의 주인인가에 따라 달라질 수밖에 없습니다. 그렇다면 주어진 삶을 제대로 살기 위해서는 과연 누가 인생의 주인이어야 할까요? 분명한 것은 내가 인생의 주인으로 사는 한 우리의 인생은 희망이 없다는 것입니다. 제대로 된 인생을 살기 위해서는 인생의 주인이 바뀌어야 합니다. 내가 아닌 예수님으로 인생의 주인이 바뀔 때 우리는 비로소 사람다운 사람으로 살 수 있습니다. 이것이 우리가 예수님을 만나야 하는 이유입니다.

예수님과의 만남을 통해 우리는 인생의 가치를 회복하게 되며, 무엇을 가치있게 여기며 살아야 할지 알 수 있게 됩니다. 또한 자신에게 주어진 것을 가치 있게 만들 수 있게 됩니다. 예수님과의 만남을 통해서만 우리는 진정 가치 있게 살수 있는 존재입니다.

❖ 당신은 예수님을 만나셨습니까? 예수님과의 개인적인 만남이 어떻게 이루어졌는지 나누어 보십시오.

성경에 기록된 말씀은 예수님을 만나지 않아도 누구나 배우고 연구할 수 있습니다. 하지만 예수님을 만나지 않은 사람은 결코 말씀을 통해 얻어야 할 것을 얻을 수 없습니다.

❖ 마태복음 7장 6절을 읽으십시오.

예수님을 만나지 않은 사람에게 있어 말씀이란 돼지 앞에 던져진 진주와 같은 것입니다. 이런 사람은 말씀의 가치를 알 수 없을 뿐 아니라 말씀이 주는 유익을 누릴 수도 없습니다. 그들에게는 성경에 대한 지식이 오히려 독이 될 뿐입니다. 말씀을 통해 얻어야 할 것을 얻기 위해 우리는 먼저 예수님을 만난 그리스도인이 되어야 합니다. 예수님을 만난 사람만이 말씀의 가치를 알고 누릴 수 있기때문입니다.

예수님을 만나면 사람이 변합니다. 하지만 예수님을 만나고도 인생을 가치 있게 살기보다는 여전히 인생을 헛되이 낭비하는 사람들을 어렵지 않게 발견하게 됩니다. 왜 그럴까요?

❖ 에베소서 5장 16절을 읽으십시오.

❖ 이 구절은 "세월을 아끼라"라고 이야기합니다. 세월을 아끼지 않는 것은 악한 것입니다. 그렇다면 어떻게 인생을 낭비하지 않고 세월을 아끼며 살 수 있을까요? 세월을 아끼며 살기 위해 당신은 어떤 노력을 합니까?

"세월을 아끼는 방법이 무엇입니까?"라는 질문에 대해 사람들은 "잠을 줄여야 한다", "열심히 살아야 한다" 등 다양한 답변을 내놓을 것입니다. 어느 정도 동의할 수 있는 그럴듯한 대답입니다. 하지만 과연 이와 같은 답변이 정답일까요?

❖ 에베소서 5장 17절을 읽으십시오. 성경은 세월을 아끼는 방법에 대해 무엇이라고 답합니까?

"세월을 아끼라"라고 말씀하신 하나님이 세월을 아끼는 방법에 대해서는 우리가 각자 알아서 찾아보라고 하실까요? 그렇지 않습니다. 그럼에도 말씀이 아닌 세상의 지식과 자신의 경험에서 답을 찾는 것이 우리의 현실이며, 그렇게 찾은 그럴 듯한 답을 정답이라 여기고 거기에 자신의 인생을 겁니다. 성경은 이런 인생을 '터진 웅덩이 같은 인생'이라고 지적합니다.

"내 백성이 두 가지 악을 행하였나니 곧 그들이 생수의 근원 되는 나를 버린 것과 스스로 웅덩이를 판 것인데 그것은 그 물을 가두지 못할 터진 웅덩이들이니라"(렘 2:13).

❖ 마태복음 7장 21~23절을 읽으십시오.

❖ 여기에 등장하는 사람들은 열심히 자신의 인생을 살며 큰일을 행했던 사람들입니다. 그럼에도 예수님이 이들을 꾸짖은 이유는 무엇일까요? (22절의 '주의 이름으로'라는 구절에 유의해서 답해 보십시오.)

❖ 예수님이 중요하게 여기시는 것과 우리가 중요하게 여기는 것 사이에는 어떤 차이가 있으며 우리가 실제로 중요하게 여겨야 할 것은 무엇인지 나누어 보십시오.

성경은 세월을 아끼고자 한다면 주의 뜻대로 살아야 한다고 말합니다. 주의 뜻대로 살지 않는 모든 시간은 낭비되는 시간입니다. 열심을 내기에 앞서 어디로 달려가야 할지를 먼저 알아야 합니다. 아무리 열심히 달려가도 엉뚱한 방향으로 달려간다면 결국 세월을 낭비하는 결과를 낳기 때문입니다. 그래서 인생을 허비하지 않고 가치 있게 살기 위해 우리는 먼저 인생의 주인이신 하나님의 뜻이 무엇인지 알아야 합니다.

❖ 하나님이 자신의 뜻을 알리시는 많은 경로가 있습니다. 당신은 주로 어떤 경로를 통해 하나님의 뜻을 깨닫는지 나누어 보십시오.

하나님은 말씀을 통해 자신의 뜻을 우리에게 전달하십니다. 사람에 따라 말씀이 아닌 다른 경로(꿈, 사람, 사건 등)를 통해 하나님의 뜻을 알게 되는 경우도 있습니다. 말씀이 아닌 다른 경로로 하나님의 뜻을 깨닫게 될 경우, 여러 가지 이유가 있을 수 있습니다. 그중에서 생각해 볼 수 있는 가장 분명한 이유 한 가지는 말씀을 대할 시간을 갖지 않음으로 인해 말씀과 소통할 수 있는 길이 막혀 있기 때문일 것입니다. 말씀이 아닌 다른 통로를 사용해서 하나님의 뜻을 알리시는 이유는 우리로 하여금 하나님의 뜻과 상관없이 제 맘대로 인생을 살도록 내버려 두실 수 없기 때문일 것입니다.

그러나 이러한 경우에도 생각해 보아야 할 문제가 있습니다. 설령 말씀이 아닌 다른 경로를 통해 하나님의 뜻을 깨달았다 해도 그렇게 전달된 것이 하나님의 뜻인지 어떻게 분별할 수 있을까요? 사탄도 하나님의 뜻인 것처럼 우리를 미혹하기 위해 갖은 방법을 사용합니다. 그래서 말씀이 아닌 개인적인 느낌이나 기호를 따라 하나님의 뜻을 분별하는 것은 위험한 일입니다.

결국 하나님의 뜻인지 아닌지를 구별할 수 있는 유일한 기준 역시 말씀입니다. 결국 말씀으로 달려가 답을 구하고 말씀 속에서 주의 뜻을 발견하며 그 말씀을 따라 살 때에만 우리는 인생을 허비하지 않고 세월을 아끼며 살 수 있습니다. 주님을 만난 그리스도인들이 말씀을 만나야 하는 이유가 여기에 있습니다. 그렇다면 우리는 어떻게 말씀 속에서 주의 뜻을 발견할 수 있을까요?

그리스도를 통해 우리에게 주어진 새로운 기회를 가치 있게 쓰려면 또 하나의 만남이 필요합니다. 성령과의 만남입니다. 성령과의 만남이 우리 삶에 가져오는 가장 큰 변화는 말씀에 대한 깨달음입니다. 성령의 도움으로 우리는 말씀과 만나게 되고 말씀 속에서 주의 뜻을 발견할 수 있으며 말씀을 따라 행하는 삶을 살아가게 됩니다. 그렇다면 이런 성령의 역사를 가져오는 성령과의 만남은 어떻게 가능할까요?

❖ 누가복음 11장 13절을 읽으십시오.

❖ 이 구절에서는 무엇이 성령과의 만남을 가능하게 한다고 설명합니까?

2. 제자도

큐티는 성경 공부와 달리 예수님을 만난 그리스도인만이 누릴 수 있는 특권이지만 동시에 그리스도인이라면 반드시 순종해야 할 의무이기도 합니다. 큐티는 그리스도의 제자로 부르심을 받은 자들이 반드시 걸어가야 할 제자도이기 때문입니다.

그리스도인에게 성경을 배우는 일은 견고한 신앙의 초석을 세우는 중요한 일입니다. 하지만 성경에 대한 지식이 우리를 그리스도인으로 만들어 주거나 그리스도인으로 살게 해 주진 않습니다.

큐티를 통해 성경에 대한 이해와 지식이 늘어 가는 것은 당연하지만, 큐티를 하는 목적은 성경을 배우고 연구하는 것이 아닙니다. 큐티하는 시간은 하루 중 일부에 불과하지만 이 시간이 큐티의 전부라고 할 수 없습니다. 큐티를 통해 얻게 된 것이 삶에 연결되지 못한 채 말씀대로 살지 못한다면 큐티하는 시간은 헛된 낭비가 될 것입니다. 큐티하는 이유는 하루를 말씀대로 살아 내기 위해서이며 이런 의미에서 큐티하는 사람에게는 하루의 모든 시간이 큐티하는 시간이라고 할 수 있습니다.

"예수는 물러가사 한적한 곳에서 기도하시니라"(눅 5:16)라는 말씀은 기도의 중요성을 잘 보여 줍니다. 이와 같이 기도하는 삶의 중요성을 깨닫게 하는 것이 성경 공부라면, 그 말씀대로 기도하는 삶을 사는 것이 바로 큐티입니다.

❖ 마태복음 7장 24~27절을 읽으십시오.

❖ 반석 위에 집을 짓는 지혜로운 사람은 어떤 사람입니까? 모래 위에 집을 짓는 어리석은 사람의 특징은 무엇입니까? 두 사람의 공통점과 차이점은 무엇입니까?

모래 위에 집을 짓는 사람과 반석 위에 집을 짓는 사람의 공통점은 둘 다 주님의 말씀을 들었다는 것입니다. 주님의 말씀을 듣는 사람은 세상에 속한 사람들이 아니라 교회 안에 있는 사람들입니다. 따라서 이 말씀은 세상 사람과 그리스도인에 대한 이야기가 아니라 교회 안에 있는 두 종류의 그리스도인에 대한 말씀입니다. 하나는 말씀을 듣고 행하는 사람들이고 다른 하나는 말씀을 듣지만 행하지 않는 사람들입니다.

❖ 누가복음 6장 46~49절을 읽으십시오.

누가복음 6장에는 마태복음 7장 24~27절과 동일한 비유가 나옵니다. 예수님은 두 집의 비유를 말씀하시기에 앞서 무리에게 "너희는 나를 불러 주여 주여 하면서도 어찌하여 내가 말하는 것을 행하지 아니하느냐"(46절)라며 책망하십니다. 예수님은 구체적으로 어떤 사람들을 향해 이렇게 책망하신 것일까요?

예수님이 책망하신 '주님의 말씀을 듣고도 행하지 않는 사람들'은 바리새인들이었습니다. 주님이 지적하신 바리새인들의 문제는 무엇입니까? 바로 성경에 대한 지식 부족이 아니라 말씀대로 살지 않는 삶이었습니다. 듣기만 하고 행하지 않는 사람은 바리새인입니다. 예수님 당시처럼 오늘날 교회 안에도 말씀을 듣지만 말씀대로 행하지 않는 바리새인과 같은 교인들이 많습니다.

그렇다면 예수님이 하신 말씀을 듣고 행하는 사람은 어떤 사람일까요? 이러한 사람이 바로 주님의 제자입니다. 큐티는 하나님의 말씀을 듣고 행하는 데 그 목적이 있습니다. 큐티를 일컬어 '주님의 제자로 부르심을 받은 자라면 반드시 실천해야 할 제자도'라고 하는 이유가 여기에 있습니다.

❖ 가치 있는 삶을 살기 위해, 그리고 주님의 제자 된 삶을 살기 위해 그리스도인에게 큐티는 선택이 아니라 필수입니다. 당신에게 큐티와 같은 경건의 훈련이 필요한 이유를 나누어 보십시오.

첫 번째 만남을 통해 큐티의 유래와 정의 등에 대해 알아보았습니다. 첫 번째 만남에서 큐티에 대해 배운 것들을 다음 질문을 통해 다시 한 번 점검해 보십시오.

1. 큐티란 무엇입니까?
2. 큐티가 필요한 이유는 무엇입니까?

【 과제 】
1. 첫 번째 만남에서 공부한 내용을 복습하십시오.
2. 두 번째 만남을 예습하십시오.

큐티는 변화를 가져옵니다

말씀은 우리에게 있는
저항과 반항과 불신의 겉껍데기를 깨는 방망이다.
- 오대원

변화와 성숙을 위한 경건의 훈련

큐티는 매일 조용한 시간과 장소를 정해 하나님과 개인적으로 만나는 시간이며, 성경 말씀을 통해 하나님의 음성을 듣고 묵상하며 삶에 적용함으로써 삶의 변화와 성숙을 이루고자 하는 경건의 훈련입니다.

큐티의 목적은 삶의 변화와 성숙에 있습니다. 큐티하면 삶이 변해야 하며 큐티하면 반드시 삶이 변합니다. 큐티는 성경 공부가 아닙니다. 큐티를 하고 있음에도 자신의 삶에 변화와 성숙이 일어나지 않는다면 큐티가 아닌 성경 공부를 하고 있는 것은 아닌지 점검해 볼 필요가 있습니다.

체질의 변화 없이 성숙은 없다

1. 마음의 변화
예수님을 만난 사람에게는 삶의 변화가 일어납니다.

❖ 예수님을 만난 후 자신에게 어떤 변화가 있었습니까? 자신에게 일어난 변화들을 구체적으로 기록해 보십시오.

❖ 예수님을 만난 후 일어나는 많은 변화들 가운데 자신에게 일어난 첫 번째 변화는 무엇이었습니까?

❖ 빌립보서 1장 8절을 읽으십시오.

빌립보 교회 성도들을 향한 바울의 마음이 담긴 편지인 빌립보서의 서두는 예수님을 만나면 반드시 일어나는 변화가 무엇인지 잘 보여 줍니다. 빌립보서 1장 8절을 통해 바울은 자신을 심장(heart)이 바뀐 사람이라고 고백합니다. 이러한 변화는 바울뿐 아니라 예수님을 만난 모든 사람에게 일어나는 변화입니다. 예수님을 만난 사람은 모두 심장이 바뀐 사람들이며, 예수 그리스도의 심장(heart)이라는 똑같은 심장(heart)을 지닌 사람들입니다. 주목할 것은 이러한 변화가 예수님을 만난 사람에게 일어나는 첫 번째 변화라는 점입니다.

❖ 사무엘상 10장 9절을 읽으십시오.

사무엘을 끝으로 사사 시대가 막을 내리고 새롭게 왕정 시대가 시작되면서 이스라엘의 첫 번째 왕으로 기름 부음 받은 사람이 사울입니다.

❖ 사울이 이스라엘의 첫 번째 왕으로 기름 부음 받은 후 그에게 어떤 변화가 일어났습니까?

사울이 왕으로 기름 부음 받을 때 표면적으로 달라진 것은 아무것도 없었습니다. 사울을 둘러싼 환경도 달라진 것이 없었으며 그가 안고 있었던 문제도 해결되지 않았습니다. 비록 하나님이 사울을 기름 부어 왕으로 세우셨지만 아무도 사울을 왕으로 인정해 주지 않았으며 사울 스스로도 왕이 될 만한 자격을 갖추지 못한 자라고 고백했습니다. 하지만 성경은 하나님이 사무엘을 통해 사울을 왕으로 기름 부으실 때 그에게 아주 중요한 변화가 일어났다고 기록합니다. 겉으로는 달라진 게 없었지만 왕으로 기름 부음 받는 순간 사울은 그의 미래를 바꾸어 놓을 분명한 변화를 경험했습니다. 그것은 바로 마음의 변화였습니다.

변화의 핵심은 세상을 바꾸는 데 있지 않습니다. 나를 먼저 바꾸지 않고 세상을 바꿀 수는 없는 법입니다. 나 자신이 변하는 것이 변화의 핵심이며 이 변화는 마음의 변화에서 시작됩니다. 예수님을 만날 때 우리 인생에서 일어나는 첫 번째 변화 역시 '환경'이 아닌 '마음'의 변화입니다. 그렇다면 예수님을 만날 때 우리에게 생긴 마음의 변화는 과연 어떠한 것이며 이러한 변화를 통해 주신 '새 마음'(삼상 10:9)의 실체는 과연 무엇일까요?

❖ 갈라디아서 5장 17절을 읽으십시오.

예수님을 만나기 전 우리는 육체의 소욕, 즉 욕심만을 지니고 살던 사람이었습니다. 하지만 예수님을 만나고 난 뒤 우리에게는 예전에 없던 성령의 소욕, 즉 거룩함을 소망하는 마음이 생기게 되었습니다. 이것이 우리 안에 생긴 마음의 변화이며 '성령의 소욕'이 바로 하나님이 주신 새 마음의 실체입니다.

❖ 성령의 소욕이라는 새 마음이 주어진 결과 우리가 새롭게 경험하게 되는 일은 무엇입니까?

성령의 소욕이 생기면서 우리의 마음은 전쟁터가 됩니다. 예전에 욕심을 따라 살 때에는 아무런 문제가 되지 않던 것이 성령의 소욕이 생기면서 문제가 되고, 이로 인해 갈등이 생기게 됩니다.

❖ 예수님을 믿기 전과 믿고 난 후의 자신을 비교해 보십시오. 예수님을 믿기 전에는 아무런 문제가 되지 않던 것들 가운데 문제가 되고 마음에 갈등을 일으키는 것들이 있다면 무엇인지 구체적으로 나누어 보십시오.

2. 체질의 변화

성령의 소욕이 생긴 후 이전에 없었던 갈등이 생긴 것은 사실입니다. 하지만 엄밀히 말하자면 없던 문제가 생겨난 것이 아니라, 실제로는 고민하고 갈등하며 해결해야 할 인생의 문제들을 예수님을 만나기 전에는 문제로 여기지 않았던 반면 예수님을 믿고 난 후에야 비로소 문제로 여기게 된 것입니다. 그래서 성령의 소욕이 생긴 후 우리에게 일어난 문제의 핵심은 갈등이 생겼다는 데 있는 것이 아니라 갈등을 어떻게 다루느냐 하는 데 있습니다.

많은 그리스도인이 성령의 소욕으로 인해 마음에 생긴 갈등을 제대로 다루지 못합니다. 하나님이 죄를 싫어하시는 줄 알면서도 여전히 죄를 짓습니다. 이러한 위선적인 모습은 그리스도인들이 세상의 손가락질을 받는 주요한 이유이기도 합니다. 그렇다면 그리스도인들은 왜 죄 문제를 제대로 다루지 못한 채 계속해서 죄를 짓는 것일까요? 구원받은 사람이라면 죄를 짓지 않는 것이 당연하지 않을까요? 죄를 반복해서 짓는 이유가 혹시 구원받지 못했기 때문은 아닐까

하고 생각한 적은 없습니까?

❖ 로마서 7장 17~25절을 읽으십시오.

❖ 성경은 우리를 지배하는 두 가지 법이 있다고 말합니다. 그 두 가지 법은 무엇과
무엇입니까?

❖ 죄인 줄 알면서도 여전히 죄를 짓는 이유에 대해 성경은 무엇 때문이라고 지적합
니까?

죄라는 것을 알면서도 죄를 계속해서 짓는 이유는 우리에게 이루어진 구원
이 불확실하거나 불완전하기 때문이 아닙니다. 예수님을 만난 후 우리는 마음에
생긴 변화로 인해 '하나님의 법'을 알고 즐거워하게 됩니다. 하나님의 법대로 사
는 것이 축복이라는 사실을 깨달을 수 있기 때문입니다. 바울의 고백처럼 구원
받은 그리스도인들에게 죄 문제가 해결되지 않고 반복되는 이유는 비록 마음은
'하나님의 법'을 섬기는 변화를 경험했지만 우리의 육신이 여전히 '죄의 법' 아
래 놓여 있기 때문입니다. 마음은 변했지만 몸이 변하지 않았고 체질이 변하지
않았기 때문에 하나님이 싫어하는 죄인 줄 알면서도 여전히 죄를 지을 수밖에
없다는 것입니다. 죄인의 체질을 가지고 있으면 죄를 짓는 것이 당연하며 체질
이 변하지 않으면 죄의 법이 나를 주장할 수밖에 없습니다.

❖ 마음속으로 갈등하면서도 여전히 짓는 습관적인 죄가 있다면 무엇인지 나누어 보
십시오.

체질이 변하지 않은 사람이 죄를 짓는 것은 당연합니다. 하지만 당연하다고

해서 그것이 옳은 것은 아닙니다. 우리는 당연한 삶이 아니라 올바른 삶을 살도록 부르심을 받은 사람들입니다. 올바른 삶은 하나님의 법을 따라 살 때에만 가능하며, 우리의 체질이 변하지 않는 한 아무리 마음으로 원해도 그렇게 살 수 없습니다. 영적인 성장은 우리 내면에만 국한된 문제가 아닙니다. 체질이 변하지 않고 우리의 육신이 계속해서 죄를 짓는 가운데서 어떻게 영적인 성장이 이루어지겠습니까? 그리스도인답게 이 땅을 살기 위해서는 반드시 체질이 변해야 합니다. 그렇다면 체질이 변하기 위해 우리에게 필요한 것은 무엇일까요?

변화를 위해 훈련이 필요하다

교회를 출석한다고 해서 바로 의인이 되는 것도 아니며 예수님을 믿고 구원을 얻었다고 해서 그 순간부터 의인의 삶을 살게 되는 것 역시 아닙니다. 우리의 체질은 순식간에 변하지 않습니다. 체질이 변하는 데는 시간이 걸립니다.

시간은 우리를 변화시킵니다. 그렇다면 시간이 흘러가면서 우리의 체질 또한 저절로 변해 가는 것일까요? 그렇지 않습니다. 변화를 위해 시간이 필요한 것은 사실이지만 체질은 시간이 흐른다고 해서 저절로 변하지 않습니다.

❖ 요엘 2장 13절을 읽으십시오.

시간은 세상 속의 내 모습은 바꿀 수 있을지 몰라도 내 안의 세상을 바꿀 수는 없습니다. 시간은 교회 속의 내 모습은 바꿀 수 있을지 몰라도 내 안에 주님의 교회가 온전하게 세워져 가는 변화를 일으킬 수는 없습니다. '옷을 찢는' 변화가 세상 속의 내 모습이 변하는 것이라면 '마음을 찢는' 변화는 내 안의 세상이 변하는 것을 의미합니다.

교회에서 직분을 맡고 일을 맡았다고 해서 자신이 변했다고 여긴다면 착각일 수 있습니다. 마음을 찢지 않은 채 옷을 찢는 것으로 스스로 변화했다고 여긴다면 우리는 '성도로' 사는 것이 아니라 '성도처럼' 살며, '빛으로' 사는 것이 아니라 '빛처럼' 가면을 쓰고 살아가게 됩니다.

❖ 마가복음 14장 53~59절을 읽으십시오.

예수님이 체포되셨을 때 베드로는 다른 제자들처럼 도망가지 않고 예수님을 따라갔습니다. 하지만 예수님 곁이 아니라 멀찌감치 떨어져 예수님을 따라가서는 사람들 사이에 앉아 있었습니다.

❖ 베드로가 다른 제자들처럼 도망가지는 않았지만 그렇다고 예수님 곁에 서지도 않았던 이유는 무엇일까요? 베드로가 어떤 마음으로 그렇게 행동했다고 생각하는지 나누어 보십시오.

베드로의 모습은 그리스도인으로 감당해야 할 사명을 외면하자니 꺼림칙하고 그렇다고 나서서 헌신하자니 손해 볼 것 같아 두려워 세상과 예수님 사이에 적당한 거리를 두고 살아가는 그리스도인의 모습이라고 할 수 있습니다. 오늘날에도 얼마나 많은 그리스도인이 제사장의 뜰과 같은 세상에서 베드로처럼 어정쩡한 모습으로 살아가고 있습니까? 빛으로 사는 것은 힘들고 고통스러운 일입니다. 그래서 많은 그리스도인들이 빛나는 자리에 서기는 즐거워하면서도 정작 빛이 필요한 자리는 외면한 채 살아갑니다. 이것이 바로 '빛으로' 살지 않고 '빛처럼' 살아가는 그리스도인의 모습입니다.

❖ 개인적으로 그리스도인이라는 사실을 드러내고 싶지 않을 때는 언제입니까?

❖ 마가복음 14장 53~59절을 다시 읽으십시오. 본문을 참고로 우리가 그리스도인이라는 사실을 드러내며 살지 않을 때 세상에 어떤 일이 일어나는지 나누어 보십시오.

우리가 다루어야 할 어둠의 실체는 인생의 어둠이 아니라 내면의 어둠입니다. 시간은 우리의 외면을 바꿀지언정 내면을 바꾸지는 않습니다. 그래서 필요한 것이 훈련입니다. 저절로 변화되지 않기 때문입니다. 큐티를 일컬어 삶을 변화시키는 경건의 훈련이라고 말하는 이유가 여기에 있습니다.

매일 밥을 먹듯이 그리스도인에게 말씀을 묵상하고 실천하는 큐티는 훈련이 아니라 삶이 되어야 합니다. 하지만 아이가 성장하며 딱딱한 음식을 먹기까지 훈련의 과정이 필요하듯 큐티 역시 훈련의 과정이 필요하며 이런 과정을 거쳐 말씀을 떠나지 않는 삶을 살게 됩니다.

❖ 디모데전서 4장 7~8절을 읽으십시오.

❖ 육체의 연습과 경건의 연습에는 어떤 것들이 있습니까? 실제로 경험한 훈련이 있었다면 그러한 연습이 가져온 유익이 무엇인지 나누어 보십시오.

훈련의 기본기

영적인 성장을 위해 많은 그리스도인들이 다양한 영적인 훈련을 경험합니다. 문제는 이와 같은 영적인 훈련을 통한 변화가 오래가지 않고 일시적이라는 데 있습니다. 자신에게 적합한 영적 훈련이 따로 있는 것일까요? 도대체 왜 이런 문제가 반복되는 것일까요?

❖ 삶을 변화시키기 위해 영적인 훈련이 갖추어야 할 중요한 요소는 무엇이라고 생각합니까?

아주 작은 습관 하나를 고치는 데도 최소한 21일(3주)의 시간이 걸린다고 합니다(「성공의 법칙」, 맥스웰 몰츠). 훈련의 방법과 질도 중요하지만 새로운 것을 체질화시키는 것이 훈련의 일차적인 목적인만큼 훈련의 기본기는 매일 지속적으로 반복하는 데 있습니다. 아무리 방법이 좋아도 매일 반복해서 훈련하지 않으면 변화할 수 없습니다. 반면에 아무리 단순한 방법일지라도 매일 반복해서 지속적으로 훈련하면 반드시 변화하게 됩니다. 큐티도 마찬가지입니다. 큐티에는 지름길도 왕도도 없습니다. 큐티를 통해 영적인 변화와 성숙을 경험하기 위해서는 매일 지속적으로 큐티하는 것이 무엇보다 중요합니다.

❖ 개인적으로 매일 습관처럼 반복하는 일들이 있다면 무엇인지 나누어 보십시오.

TV를 시청하거나 신문을 읽는 것과 같이 일상적으로 반복되는 일들이 있습니다. 하지만 이렇게 습관처럼 반복되는 일들이 삶의 변화와 성숙을 가져올 것이라고 기대하긴 어렵습니다.

매일 큐티하는 것이 중요하지만 하루 종일 큐티를 하지는 않습니다. 매일 약 30분에서 한 시간 정도 큐티를 하는데 이 짧은 시간이 과연 삶에 변화를 가져올 수 있을까요? 만약 큐티를 통해 삶의 변화가 가능하다면 반복적인 일상의 습관과 큐티 사이에 어떠한 차이가 있기에 그러한 변화가 가능한 것일까요?

❖ 요한복음 6장 8~13절을 읽으십시오.

요한복음 6장에는 물고기 두 마리와 떡 다섯 개로 오천 명을 먹이신 기적이 나옵니다. 오병이어를 주님께 가져온 안드레는 예수님께 "가진 것이라고는 물고기 두 마리와 떡 다섯 개가 전부인데 그것으로 오천 명이나 되는 이 많은 사람들을 어떻게 먹일 수 있겠습니까?"라고 묻습니다. 안드레의 질문은 지극히 상식적이며 당연합니다. 그의 질문이 틀린 것은 아니지만 이렇게 질문해 봅시다. "그렇다면 얼마나 많은 것을 가져와야 그 많은 사람들을 먹일 수 있습니까?" 이 질문을 우리의 헌신과 큐티에 관한 질문으로 바꾸어 봅시다. "얼마나 오랜 시간을 큐티해야 변화와 기적이 일어날까요?"

❖ 요한복음 6장 11절을 다시 읽으십시오.

❖ 성경이 이야기하는 기적의 비밀은 무엇입니까? 기적의 비밀이 담겨 있다고 여겨지는 부분에 줄을 그어 보십시오.

기적의 비밀은 헌신의 크기가 아니라 헌신의 대상이 누구인가에 달려 있습니다. 기적은 우리의 크기가 아니라 우리를 쓰시는 분의 크기에 의해 결정됩니다. 오병이어에 불과한 적은 분량을 주님의 손에 드렸을 때 오천 명이 먹고도 남았던 것처럼, 큐티하는 짧은 30분이 우리의 인생을 변화시킬 수 있는 이유 역시 주님의 손에 드려지는 시간이기 때문입니다. 경건의 연습과 육체의 연습 간의 차이점, 큐티하면 반드시 변하는 이유가 바로 여기 있습니다.

❖ 누가복음 16장 10절을 읽으십시오.

큐티는 작은 것에 충성하는 훈련입니다. 작은 일에 충성하는 사람이 큰일에도 충성할 수 있는 법입니다. 작은 것에 충성하는 훈련을 통해 우리는 각자에게

맡겨진 매일의 시간을 온전하게 사용하게 될 것입니다.

❖ 큐티를 통해 기대할 수 있는 변화에 대해 나누어 보십시오.

훈련을 위해 준비할 것들

성경에는 하나님의 음성을 직접 들었던 사람들에 대한 기록이 있습니다. 아브라함이나 모세, 엘리야 같은 구약의 인물들뿐 아니라 예수님 당시의 제자들이나 바울도 하나님의 음성을 직접 들었던 사람들입니다. 그래서 하나님의 음성을 듣는다고 하면 오늘날에도 성경 인물들처럼 직접 하나님이 하시는 말씀을 듣는 신비적인 체험으로 이해하는 사람도 있습니다. 오늘날에도 성경의 인물들처럼 직접 하나님의 음성을 들을 수 있을까요? 그렇지 않습니다. 하나님의 음성은 특별한 은사를 지닌 사람이 특별한 경험을 통해 듣는 것이 아닙니다. 하나님의 자녀로 부르심을 받은 모든 사람이 들을 수 있고 들어야 하는 것이 하나님의 음성이며, 이를 위한 수단으로 허락하신 것이 바로 말씀(성경)입니다. 성경이 주어지기 전과는 달리 오늘날은 기록된 말씀을 통해 하나님의 음성을 듣게 됩니다. 이처럼 말씀을 통해 하나님의 음성을 듣는 것이 큐티입니다. 이를 위해서 먼저 준비해야 할 것이 있습니다.

1. 조용한 시간과 장소

말씀을 통해 하나님의 음성을 듣고 교제할 수 있는 조용한 시간과 장소가 필요합니다. 가능하면 아침 시간이 좋으며 주변의 환경에 방해받지 않을 수 있는 자기만의 공간을 정해야 합니다.

❖ 마가복음 1장 35절을 읽으십시오.

❖ 예수님은 어떻게 하나님과 교제하셨습니까? 예수님이 하나님과 교제하시기 위해 새벽 시간을 택한 이유는 무엇입니까?

우리는 하나님의 음성을 가로막는 많은 것에 둘러싸여 있으며 우리의 내면 역시 이러한 장애물의 영향 때문에 세상적인 생각과 소리로 많이 채워져 있습니다. 이러한 장애물은 말씀에 대한 자신의 생각과 하나님의 음성을 구별하기 어렵게 만듭니다. 조용한 시간과 공간은 세상의 이러한 장애물로부터 우리를 물리적으로 구별하는 역할을 해 줍니다.

❖ 하나님의 음성을 듣는 데 방해하는 장애물이 있다면 무엇인지 구체적으로 나누어 보십시오.

❖ 시편 46편 10절을 읽으십시오.

❖ 시편 기자에 따르면 하나님을 알기 위해서 먼저 해야 할 것은 무엇입니까?

성경은 하나님에 대한 계시입니다. 하나님은 말씀을 통해 하나님 자신에 대해 알려 주시며 또한 우리가 하나님에 대해 알기를 원하십니다. 창조자이신 하나님을 모르는 사람은 하나님이 자신을 창조하신 이유를 제대로 알 수 없으며, 이런 사람은 자연스럽게 삶의 방향과 길을 잃어버린 채 살아갈 수밖에 없습니다. 결국 하나님을 아는 것은 나를 찾는 길이며 세상과 어떤 관계를 맺고 살아가야 하는지 분명하게 깨닫는 길이기도 합니다. 시편 46편 10절은 이처럼 중요한 하나님에 대한 앎이 마음의 고요함('너희는 가만히 있어')에서 시작한다고 말씀합니다. 조용한 환경은 마음의 고요함을 얻고 우리의 마음을 하나님께 향하도록 돕는 역할을 합니다. 우리는 이런 훈련을 통해 시장터와 같은 삶의 현장에서도 마음의 고요함을 유지할 수 있으며 하나님의 음성을 따라갈 수 있는 내적인 힘을 잃지 않게 됩니다.

❖ 큐티를 위한 일정한 시간과 장소를 결정하십시오.

2. 큐티지(誌)

조용한 아침 시간을 정해 큐티하기를 권하는 이유는 하나님과의 교제를 방해하는 것으로부터 거리를 두기 위해서이기도 하지만 하루를 시작하기 전에 말씀을 통해 삶의 방향을 미리 결정하기 위해서이기도 합니다. 그래서 가능하면 아침 시간에 큐티를 하는 것이 좋습니다.

하지만 도저히 시간을 낼 수 없어서 아침에 큐티하는 것이 불가능한 사람들이 있습니다. 일정하게 드릴 수 있는 시간이 큐티하기에 가장 좋은 시간입니다. 그래서 아침 시간을 낼 수 없는 사람은 일정하게 큐티할 수 있는 다른 시간을 정해야 합니다. 일정하게 할 수 있다면 저녁 시간이라도 괜찮습니다. 중요한 것은 자신만의 큐티 패턴을 정해서 이를 실천하는 것입니다. 저녁에 하는 큐티는 하루의 삶을 조명해 볼 수 있다는 장점이 있습니다. 이와 함께 「생명의 삶」과 같은 큐티지를 활용해 다음 날짜의 큐티를 미리 한다면 매일을 시작하며 말씀의 인도하심을 기대할 수 있을 것입니다.

큐티지는 매일 정해진 본문을 통해 큐티를 지속하게 하는 장점 외에도 공동체에 소속된 사람들이 매일 동일한 본문을 큐티하며 개인적인 영성 훈련의 한계를 넘어 공동체에 주시는 하나님의 비전을 동일하게 만날 수 있도록 돕는 공동체 영성 훈련의 도구가 됩니다.

❖ 큐티지를 결정하십시오. 자신이 선택한 큐티지에 익숙해지도록 큐티지에 제시된 활용법을 읽고 큐티지가 어떻게 구성되어 있는지 살펴보십시오.

두 번째 만남을 통해 큐티를 통한 변화에 대해 알아보았습니다. 두 번째 만남에서 큐티에 대해 배운 것들을 다음 질문을 통해 다시 한 번 점검해 보십시오.

1. 큐티를 하는 목적은 무엇입니까?
2. 큐티를 통해 기대할 수 있는 것은 무엇입니까?

【 과제 】

1. 두 번째 만남에서 공부한 내용을 복습하십시오.
2. 세 번째 만남을 예습하십시오.
3. 「생명의 삶」을 준비하십시오.
4. 「생명의 삶」 18~19쪽에 나오는 생명의 삶 활용법을 읽으십시오.

:: 세 번째 만남

큐티의 유익을 누리십시오

성경에 기록된 말씀들은 언제나
내 가슴에 울려야 하고 내 생활 속에서 살아 움직여야 한다.
– 디트리히 본회퍼

큐티는 말씀을 통해 하나님의 음성을 듣는 것입니다. 우리는 왜 하나님의 음성을 들어야 하며 하나님의 음성을 들을 때 어떤 유익이 있을까요?

❖ 민수기 13장 30~33절을 읽으십시오.

❖ 40일간의 정탐을 마친 후 열두 명의 정탐꾼이 보고한 내용은 무엇인지 설명해 보십시오.

❖ 정탐꾼의 사명은 자신이 보고 느낀 것을 보고하는 것입니다. 그런 의미에서 여호

열 명의 정탐꾼은 자신들이 본 것이 전부라고 믿었습니다. 하지만 동일한 땅을 정탐했던 여호수아와 갈렙은 자신들이 들었던 하나님의 음성, 즉 가나안 땅을 주시겠다는 하나님의 약속을 믿었습니다. 한쪽은 본 것을 믿었고 다른 한쪽은 들은 것을 믿었습니다. 양측의 보고 내용이 달랐던 이유가 여기에 있습니다. 결과는 어떻게 되었습니까? 그들의 믿음대로 되었습니다. 들은 것을 믿었던 여호수아와 갈렙은 약속의 땅에 들어갔지만 본 것을 믿었던 열 명의 정탐꾼은 약속의 땅에 들어가지 못한 채 광야에서 죽었습니다(민 14:36~38).

가나안 정탐과 관련된 기록은 하나님의 음성을 듣는 것이 왜 중요한지 생생하게 보여 줍니다. 우리가 하나님의 음성을 들어야 하는 가장 중요한 이유는 하나님의 말씀만이 진리를 구별하는 유일한 기준이기 때문입니다. 보는 것보다 중요한 것은 듣는 것입니다. 잘 듣지 않으면 본 것을 전부라고 믿게 되고 무엇이 진짜인지 구별할 수 없게 됩니다. 제대로 보기 위해서는 먼저 제대로 들어야 합니다. 큐티는 세상 속에서 참과 거짓을 구별하여 참된 것을 선택하며 살 수 있는 능력을 공급해 줍니다. 이것이 큐티를 하는 본질적인 이유이며 큐티를 통해 얻게 되는 가장 큰 유익입니다.

큐티의 영적 유익

진리를 분별할 수 있는 힘을 얻는 것 외에도 큐티를 통해 얻게 되는 유익은 다양합니다.

1. 상처를 치유합니다.

많은 사람들이 과거의 상처로 인해 현실의 삶 속에서 고통받고 있으며 이러한 상처를 치유하기 위해 다양한 곳에서 다양한 방법으로 도움을 얻고자 합니다. 하지만 대부분의 이런 노력은 한시적으로 그치거나 잘못된 처방으로 인해 문제가 반복될 뿐입니다.

❖ 자신의 삶에 뚜렷한 흔적을 남긴 과거의 상처에 대해 나누어 보십시오. 또한 과거의 상처가 자신의 삶에 어떤 영향을 미쳐 왔으며 자신이 그 상처를 어떻게 다루어 왔는지에 대해서도 나누어 보십시오.

상처의 고통은 과거의 일입니다. 하지만 과거의 상처가 현재의 발목을 잡는 이유는 상처의 고통을 여전히 느끼기 때문이 아니라 상처에 대한 그릇된 해석 때문입니다. 큐티가 과거의 상처를 제거해 주지는 않습니다. 하지만 상처를 새롭게 바라보게 함으로써 과거의 상처에서 자유롭게 해 줍니다. 상처에 묶여 있던 시선을 돌려 그 과정을 허락하신 하나님의 진심으로 향하게 하기 때문입니다. 큐티는 개인의 삶을 묶고 있는 상처를 온전히 치유하는 강력한 도구입니다.

❖ 예레미야애가 3장 33절을 읽으십시오.

❖ 상처와 문제로 인해 원망하거나 불평한 적이 있다면 나누어 보십시오. 하나님이 그러한 고통의 순간을 허락하신 이유에 대해서도 함께 나누어 보십시오.

2. 용서를 경험합니다.

과거의 상처뿐 아니라 과거의 죄와 실수 역시 건강한 현재와 미래를 가로막는 장애물입니다. 실수와 잘못은 덮어 둔다고 해결되지 않습니다. 덮어 둔 문제는 어느 순간 삶의 발목을 잡는 덫이 되어 나타납니다. 그래서 반드시 용서의 과정을 거쳐야만 합니다. 큐티는 해결되지 않은 자신의 죄와 실수를 정직하게 바라보게 하며 하나님의 용서를 경험하게 하는 통로입니다.

❖ 요한복음 8장 1~11절을 읽으십시오.

❖ 본문에 기록된 사건에 대해 설명해 보십시오.

❖ 여인의 죄에 대한 예수님의 첫 번째 대답은 무엇이었습니까?(7절)

간음한 죄로 예수님 앞에 붙잡혀 온 여인은 율법에 따라 죽어야 했습니다. 예수님은 여인을 용서해 주라고 말하지 않으셨습니다. 돌로 치는 것은 죄에 대해 하나님이 정하신 법이며 그 누구도 예외일 수 없습니다. 예수님은 여인을 돌로 치라고 말씀하셨습니다. 하지만 돌을 던지는 사람은 아무도 없었습니다. 예수님이 무리 중에 '죄 없는 사람'이 먼저 돌을 던지라고 말씀하셨기 때문입니다. 결국 여인을 재판하는 현장에는 예수님과 여인 둘만 남게 되었습니다.

❖ 여인을 향한 주님의 두 번째 말씀은 무엇이었습니까?(11절)

여인에게 돌을 던질 수 있는 유일한 분이었던 예수님은 여인을 돌로 치는 대신 용서해 주셨습니다. 잘못을 무조건 덮어 주거나 외면하는 것은 올바른 용서의 방법이 아닙니다. "돌로 치라"라는 말씀을 통해 주님은 간음한 여인뿐 아니라 그 자리에 있던 모든 사람 역시 죽을 수밖에 없고 용서가 필요한 죄인임을 깨닫게 하셨습니다. 그날 현장에는 이마에 죄가 새겨진 죄인과 마음에 죄가 새겨진 두 종류의 죄인이 있었습니다. 그날 그곳에 있던 사람들은 모두 주님을 대면

했고 그들 모두 주님의 용서가 필요한 죄인이었지만 그중 용서받은 사람은 죄가 드러났던 단 한 사람뿐이었습니다. 주님은 우리의 허물을 투명하게 드러내십니다. 죄가 드러나는 곳에 용서가 있기 때문입니다.

❖ 군중들의 경우처럼 만약 자신의 죄가 드러난다면 어떤 태도를 취할 것 같습니까?

큐티를 통해 우리는 마음 깊은 곳에 감추어진 죄와 상처를 드러내시는 하나님을 경험하게 됩니다. 죄가 드러나는 것은 아프고 수치스러운 일이지만 그때 비로소 용서의 자리에 이르게 됩니다. 하나님과의 만남이 용서에까지 이르지 못하는 이유 중 하나는 군중 속에 있기 때문입니다. 하나님과 일대일로 만날 때 드러남이 있고 용서와 회복, 그리고 새로운 삶에 대한 비전이 생기게 됩니다.

3. 현실의 문제와 두려움을 이길 수 있습니다.
현실 속에서 우리는 여러 가지 두려움과 마주합니다. 상실에 대한 두려움은 삶을 누추하게 만드는 가장 큰 원인이라고 합니다. 이러한 두려움은 과거의 상처, 미래의 불확실성, 미래에 대한 불완전한 준비 등 많은 요소에서 비롯됩니다.

❖ 현재 자신이 두려워하는 것들이 있다면 무엇인지 나누어 보십시오.

❖ 왜 그런 두려움을 갖게 되는지 그 원인에 대해 나누어 보십시오.

우리는 두려움을 이기기 위해 두려움과 싸우는 적극적인 방법을 취하거나 반대로 두려움을 회피하는 소극적인 방법을 취합니다. 하지만 이런 방법으로는 두려움을 이길 수 없습니다.

❖ 두려움을 이겨 내기 위해 어떤 노력을 하는지 나누어 보십시오.

우리가 문제와 두려움에 사로잡히는 이유 중 하나는 문제에 너무 가까이 다가가 있기 때문입니다. 문제와 두려움에서 자유로워지려면 일정한 거리를 두고 바라볼 필요가 있습니다. 그래야만 문제와 두려움의 실체를 정확히 분별할 수 있기 때문입니다.

큐티를 통해 우리는 스스로 얼마나 삶의 문제에 바짝 다가서 있는지 발견할 수 있으며, 그 과정을 통해 일정한 거리를 두고 삶을 바라볼 수 있게 됩니다. 또한 삶의 문제에 고정된 우리의 시선을 하나님께 향하도록 함으로써 두려움을 이겨 내게 합니다. 그렇다면 큐티를 통해 하나님을 바라보는 것이 어떻게 두려움을 몰아낼까요?

❖ 신명기 17장 19절을 읽으십시오.

역설적이게도 두려움은 두려움을 통해 이길 수 있습니다. 큐티를 통해 우리는 '하나님에 대한 경외'(하나님만을 두려워함)를 배울 수 있습니다. '경외'라는 단어는 단순히 무서워하는 감정을 의미하는 것이 아니라 하나님에 대한 태도와 관련이 있습니다. 하나님을 경외한다는 것은 하나님의 하나님 되심을 인정한다는 의미이며 하나님이 자신의 인생과 세상을 통치하는 분임을 인정한다는 의미입니다. 이처럼 하나님을 경외의 대상으로 인정할 때 세상은 두려움의 대상이 아니라 하나님이 다스리시는 통치의 대상임을 깨닫게 됩니다. 그리고 하나님의 인도하심에 대한 확신을 통해 세상을 넉넉하게 이길 힘을 얻게 됩니다. 이것이 큐티를 통해 현실의 두려움을 이길 수 있는 이유입니다.

❖ 하나님을 경외하는 사람에게 주어진 약속은 무엇입니까?(시 34:7; 103:13; 115:11 참조)

하나님에 대한 경외를 통해 우리는 두려움을 이겨 낼 수 있습니다. 뿐만 아니라 성경은 하나님을 경외하는 사람에게 많은 축복을 약속합니다.

❖ 하나님을 경외하는 사람에게 약속하신 축복은 무엇입니까?(시 25:12; 111:5; 잠 10:27; 19:23; 22:4 참조)

4. 하나님의 꿈을 만나게 됩니다.

출애굽한 이스라엘 백성의 목적지는 가나안이었습니다. 하지만 출애굽의 목적은 목적지인 가나안에 이르는 것이 아니라 가나안 땅을 정복하고 그 땅을 변화시키는 데 있었습니다. 이것이 이스라엘 백성을 가나안 땅으로 인도하신 하나님의 꿈이었습니다. 하지만 이스라엘 백성은 목적지인 가나안에는 도착했지만 가나안 정복과 변화라는 목표에는 도달하지 못했습니다. 그들의 꿈과 하나님의 꿈이 달랐기 때문입니다. 이처럼 우리 인생은 하나님의 꿈을 만나지 못하면 목적지에는 도달할 수 있을지언정 목표에는 이를 수 없습니다. 삶에 위기가 오고 마찰이 생기는 이유는 자신이 걸어야 할 길을 발견하지 못하거나 그 길에서 벗어나 있기 때문입니다. 목표에 이르는 길을 찾고자 한다면 길이 아니라 꿈을 물어야 합니다. 꿈이 길을 보여 주기 때문입니다.

하나님은 우리를 사랑하시며 우리를 향한 꿈을 가지고 계십니다. 큐티는 자신을 향한 하나님의 뜻과 계획을 발견하는 통로입니다. 말씀을 통해 자신을 향한 하나님의 꿈을 만날 때 바른 꿈을 갖게 되며 하나님이 각자의 인생에 계획하신 길을 발견할 수 있습니다.

❖ 지금 자신이 꿈꾸고 소망하는 것들은 무엇인지 구체적으로 나누어 보십시오.

❖ 개인적으로 왜 그러한 꿈을 가지게 되었는지, 꿈을 이루기 위해 어떤 노력을 하고 있는지 나누어 보십시오.

큐티는 과거와 현재를 정직하고 새로운 눈으로 바라보게 함으로써 건강한 자아상을 갖게 하며 새로운 습관과 성품으로 변화된 자로서 살아가게 합니다. 또한 말씀을 통해 자신을 향한 하나님의 계획을 깨닫게 됨으로써 비전의 사람으로 살게 합니다.

큐티에 대한 오해와 진실

큐티가 이처럼 삶을 변화시키는 이유는 말씀을 자신의 이야기로 읽어 내도록 하기 때문입니다. 내가 말씀을 찾아가는 것이 성경 공부라면 말씀이 나를 찾아오는 것이 큐티입니다.

성경은 대략 BC 1500년에서 AD 100년까지의 기간 동안 다양한 역사적 배경과 환경 속에서 기록된 66권의 책(구약 39권, 신약 27권)을 묶은 책입니다. 따라서 제대로 된 성경 공부를 위해서는 성경이 기록될 당시의 문화와 역사, 언어에 대한 이해가 필요합니다. 하지만 큐티는 수천 년의 시간을 뛰어넘어 지금 이 땅을 살아가는 내게 찾아오는 말씀입니다. 그래서 큐티를 위해 필요한 것은 무엇을 찾고 발견하려는 조바심이나 열심이 아니라 기다림과 확신입니다. 내가 찾아가는 것이 아니기 때문에 기다림이 필요하며 반드시 찾아오실 것이기 때문에 확신이 필요합니다. 이러한 기다림과 확신 속에 나를 찾아오는 말씀은 우리를 말씀의 구경꾼이 아니라 말씀의 주인공으로 초대합니다.

하지만 말씀을 자신의 이야기로 읽어 낸다고 해서 말씀을 마음대로 해석해도 된다고 오해해서는 안 됩니다. 큐티는 말씀을 통해 하나님을 개인적으로 만나고 교제하는 것입니다. 그러나 큐티가 개인적이라는 사실이 성경을 마음대로 해석해도 상관없음을 의미하는 것은 아닙니다. 말씀은 시간과 환경의 변화에 따라 달라지지 않습니다. 달라지는 것은 말씀을 만나고 말씀의 빛 앞에 드러나는 우리의 삶입니다. 말씀은 변하지 않지만 우리의 삶은 지속적으로 변하기 때문에 말씀이 날마다 새로울 수밖에 없는 것입니다. 그렇다면 큐티가 개인적인 것이라는 말의 정확한 의미는 무엇일까요?

❖ 마태복음 7장 1~5절을 두세 번 반복해서 천천히 읽으십시오.

❖ 이 본문의 내용이 무엇인지 다음 보기 가운데서 골라 보십시오.
　① 비판하지 말라.
　② 비판을 해 주라.
　③ 너나 잘하라.
　④ 자신을 돌아보고 형제의 잘못을 고쳐 주라.
　⑤ 무엇에 대해 이야기하는지 잘 모르겠다.

성경 공부를 할 때 본문을 통해 우리가 찾을 수 있는 답은 하나뿐입니다. 하지만 큐티를 할 때는 위에 언급된 모든 보기가 정답일 수 있습니다. 우리의 삶은 단 하나의 답으로 대답하기 어려운 수많은 모습을 가지고 있습니다. 큐티를 어려워하는 이유 중 하나가 정답을 찾으려고 하기 때문입니다. 큐티는 성경 공부처럼 하나의 정답을 찾는 과정이 아닙니다. 큐티는 자신을 찾는 과정입니다. 우리는 그날의 큐티를 통해 자신의 삶을 이루는 수많은 일면 가운데 하나를 발견하게 되고 매일 큐티를 지속해 나가며 자신의 삶을 이루는 수많은 모습을 하나씩 만나게 됩니다. 그 과정 속에서 우리는 자신의 진짜 모습을 발견하게 됩니다. 성경 공부를 통해 우리가 찾고자 하는 정답은 자신의 참모습이 부딪혀야 할 진실이며, 이렇게 말씀과 부딪힐 때 말씀은 지식이 아니라 삶을 변화시키는 진리가 됩니다.

큐티하지 않는 이유들

큐티가 주는 유익과 필요성을 알고도 큐티를 시작하거나 지속할 수 없는 이유는 무엇일까요? 신앙의 기본이 충실하지 않거나 큐티와 성경에 대한 잘못된 이해 등이 원인일 수 있습니다. 다음의 질문을 통해 자신을 점검해 봅시다.

① 말씀은 직접적인 하나님의 말씀이라기보다 좋은 교훈이다. (예 아니오)
② 내가 직접 하나님의 음성을 들을 수 있다는 것은 교만이다. (예 아니오)
③ 개인적으로 하나님의 음성을 들을 때 잘못될 소지가 있다. (예 아니오)
④ 신앙은 경험과 연륜을 통해 쌓여 가는 것이다. (예 아니오)
⑤ 영적인 성장은 예배와 사역만으로 충분하다. (예 아니오)
⑥ 성경 공부와 새벽 예배로 큐티를 대신할 수 있다. (예 아니오)
⑦ 큐티로는 영적인 성장을 기대하기 힘들다. (예 아니오)
⑧ 큐티는 내게 적당하지 않은 경건 훈련 방법이다. (예 아니오)
⑨ 큐티까지 하기에는 너무 바쁘다. (예 아니오)
⑩ 매번 마음을 먹지만 지속하기가 힘들다. (예 아니오)

(「큐티하면 행복해집니다」, 하용조)

❖ 위의 질문을 통해 큐티를 시작하거나 지속하지 못하는 자신의 문제점을 발견했다면 무엇인지 나누어 보십시오.

말씀보다 경험과 지식을 의지하는 것은 말씀에 대한 잘못된 이해와 말씀의 능력에 대한 확신이 부족하기 때문입니다. 그래서 큐티하기 전에 말씀에 대한 자신의 태도를 점검할 필요가 있습니다.

❖ 히브리서 4장 12~13절을 읽으십시오.

❖ 말씀의 능력에 대해 성경이 말하는 내용과 말씀의 능력에 대한 자신의 생각 사이에 어떤 차이가 있는지 비교해 보십시오.

말씀의 능력에 대한 확신을 가지고도 큐티를 시작하거나 지속할 수 없는 이유가 있습니다. 큐티는 말씀을 듣고 행하는 것입니다. 주님은 말씀을 듣지 못하는 것이 아닌 말씀대로 살지 못하는 것에서 문제가 비롯된다고 지적하셨습니다 (마 7:24~27). 듣고도 행하지 않는 이유 중 하나는 말씀대로 행하겠다고 결정하지 않거나 결정을 미루기 때문입니다. 말씀을 통해 은혜를 받고 감동을 받아도 절대 변하지 않는 이유가 여기에 있습니다. 변화는 행함에서 오며 행함은 결정에서 비롯됩니다.

결정의 첫 번째 원칙은 '들을 때 결정해야 한다'는 것입니다. 잠언은 게으름의 특징 중 하나가 미루는 것이라고 지적합니다(24:33). 잠언에서 지적하는 게으름은 잘못된 습관이 아닌 죄입니다(21:25). 인생을 살다 보면 미루어 둘 수 없는 것들이 있습니다. 큐티하는 바로 그 시간에 오늘 하루를 어떻게 살 것인지 결정해야 합니다.

❖ 결정해야 할 일에 대한 당신의 태도는 어떠합니까? 결정을 미루는 습관이 있다면 이유가 무엇인지 나누어 보십시오.

결정의 두 번째 원칙은 '미리 해야 한다'는 것입니다. 미리 결정하지 않으면 삶의 매 순간마다 상황에 맡기게 됩니다. 그때그때 상황을 봐 가면서 결정하는 것이 아니라 먼저 인생의 기준과 방향을 결정하고 그에 따라 살아가야 합니다. 이것이 하루를 시작하기 전에 큐티해야 하는 이유입니다.

❖ 큐티를 시작하기로 결정하십시오.

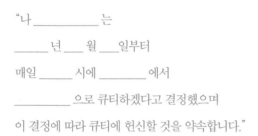

"나_____는

_____년___월___일부터

매일_____시에_____에서

_____으로 큐티하겠다고 결정했으며

이 결정에 따라 큐티에 헌신할 것을 약속합니다."

큐티의 성패를 좌우하는 세 가지 요소
큐티의 성패를 좌우하는 세 가지 중요한 요건이 있습니다.

1. 지속성
큐티의 성패를 좌우하는 첫 번째 요건은 지속성입니다. 큐티의 열매가 나타나지 않는다고 조급해하지 마십시오. 큐티의 열매는 꾸준히 지속할 때 나타납니다. 본의 아니게 큐티를 빠질 때도 낙망하거나 밀린 큐티를 소급해서 하지 말고 새롭게 그날 큐티 본문부터 다시 시작하십시오.

❖ 큐티를 함께 나눌 사람들이 있다면 큐티를 지속하는 데 도움이 됩니다. 큐티를 지속할 수 있는 방법에 대해 나누어 보십시오.

2. 투명성

큐티의 성패를 좌우하는 두 번째 요건은 투명성입니다. 큐티를 지속하다 보면 타성에 젖거나 율법적으로 매이거나 숙제하듯이 큐티를 하는 경우가 생깁니다. 이처럼 매너리즘에 빠지면 매일 말씀을 만나도 그 말씀에 투명하게 반응하지 않게 되며 이런 큐티를 통해서는 삶의 변화가 일어나지 않습니다. 말씀 앞에서 변명하거나 말씀을 외면하지 않고 '천천히 그러나 정직하게' 말씀 앞에 설 때 큐티의 열매는 반드시 나타나게 됩니다.

❖ 투명하게 큐티하는 데 방해하는 요소들이 있다면 무엇인지 나누어 보십시오.

3. 균형

큐티의 성패를 좌우하는 세 번째 요건은 균형입니다. 큐티가 균형을 잃게 되면 지극히 주관적으로 흐르거나 반대로 성경 공부를 하듯이 메마른 큐티를 하게 됩니다. 개인의 내면과 외면, 감성과 지성, 말씀과 삶 가운데 어느 한쪽으로 치우치지 않고 균형을 이룰 때 큐티가 건강해집니다.

세 번째 만남을 통해 큐티의 유익에 대해 알아보았습니다. 세 번째 만남에서 배운 것들을 다음 질문을 통해 다시 한 번 점검해 보십시오.

1. 큐티는 어떤 유익을 줍니까?
2. 큐티가 하나님과의 개인적인 교제라는 말은 어떤 의미입니까?
3. 큐티를 시작하거나 지속할 수 없는 이유는 무엇입니까?
4. 큐티를 위해 준비해야 할 것은 무엇입니까?

【 과제 】

1. 세 번째 만남에서 공부한 내용을 복습하십시오.

2. 네 번째 만남을 예습하십시오.

3. 매일 날짜에 해당하는 「생명의 삶」 본문을 3~4회 읽으십시오.

4. 큐티 노트를 준비하십시오.

PART 2

큐티,
제대로 하고 있습니까?

큐티는 하나님을 바라보며 믿음과 순종을 훈련하는 과정입니다.
하늘을 바라보는 것이 광야 훈련의 핵심이었던 것처럼
큐티의 과정과 방법을 이해하는 핵심 또한 주님을 바라보는 데 있습니다.
이와 같이 큐티의 과정 속에서 주님을 끊임없이 바라볼 때
매일 삶에서 당면하는 문제들을 하나님의 눈으로 바라볼 수 있게 될 것입니다.

기본을 철저히 하십시오

우리가 할 일은 하나님이 말씀하신다고 생각될 때
무조건 "네"라고 대답하는 것이다.
– 존 오트버그

큐티의 순서와 방법에 대한 이해는 큐티를 위한 일정한 틀을 제공하여 지나치게 주관적으로 치우치지 않고 올바른 방향으로 나아가게 해 줍니다. 하지만 큐티의 방법을 지나치게 고집하거나 의존하는 것은 경계해야 합니다. 성령의 역사가 배제된 채 틀에 박힌 큐티가 되기 쉽고 말씀을 통한 교제보다는 인생의 문제를 해결하기 위한 답 찾기에 주안점을 둘 수 있기 때문입니다.

태도가 방법을 결정한다

성경은 인생의 문제를 풀어내고 답을 찾는 지침서가 아니며 큐티 역시 인생의 문제를 해결하기 위한 도구가 아닙니다. 말씀을 인생의 문제를 풀어내는 도구로 보게 되면 큐티의 방법도 말씀 속에서 쉽게, 빨리, 정확하게 답을 찾아내는 것으로 접근하게 될 것입니다.

물론 성경이 인생의 문제를 외면하지는 않습니다. 그러나 성경의 주된 관심은 하나님이며 큐티의 목적 또한 그리스도를 닮는 데 있습니다. '닮다'라는 단어는 '담다'라는 말에서 비롯되었다고 합니다. 큐티는 그리스도를 닮기 위해 말씀이신 그리스도를 내 안에 담는 과정입니다.

❖ 요한복음 6장 5~7절을 읽으십시오.

예수님은 자신을 찾아온 많은 사람을 먹이기로 하시고 빌립에게 사람들을 먹일 방법에 대해 물으셨습니다. 예수님은 빌립에게 문제를 주셨고 빌립은 나름대로의 해결 방법을 가지고 왔습니다.

❖ 빌립의 해결책은 무엇이었습니까?

빌립의 해결책은 예수님이 원하시던 답이 아니었습니다. 5절에 기록된 예수님의 질문을 다시 한 번 읽으십시오. 예수님은 빌립에게 '어떻게'(how) 떡을 구하겠느냐고 물어보신 것이 아니라 '어디에서'(where) 떡을 구하겠느냐고 물어보셨습니다.

❖ 빌립의 대답을 보면 빌립이 주님의 질문을 어떻게 이해했다고 생각됩니까?

6절의 '시험'이라는 단어는 빌립의 대답이 틀렸음을 의미하는 동시에 예수님이 이 일을 통해 빌립에게 무엇인가 가르치고자 하셨음을 의미합니다.

❖ 친히 하실 일을 아시면서도 예수님이 굳이 빌립에게 이렇게 질문하신 의도는 무엇일까요?

주님이 빌립에게 질문하셨던 때를 비롯하여 이 땅에 머무실 동안 주님은 직접 배고픈 자들을 먹이셨습니다. 하지만 주님은 이 땅에 영원히 머물지 않으십니다. 문제는 주님이 이 땅에 계시지 않을 때에도 여전히 주님의 손이 필요한 배고픈 사람들이 있다는 것입니다.

❖ 주님이 이 땅에 계시지 않을 때가 오면 누가 배고픈 자들을 먹여야 합니까?(마 14:16; 막 6:37; 눅 9:13 참조)

주님의 질문은 지금이 아니라 제자들이 배고픈 자들을 먹여야 할 때를 위한 것이었습니다. 주님이 던진 질문의 핵심은 '문제를 어떻게 풀어내겠느냐?'가 아니라 '문제의 해답을 어디에서 찾겠느냐?'입니다. 인생의 문제를 주신 분이 하나님이라면 문제의 답 역시 하나님께 있습니다. 인생의 문제는 우리가 풀어내야 할 숙제가 아니라 그 문제를 주신 주님께 달려가게 하는 통로입니다.

주님과 빌립의 대화는 큐티를 하면서 '어떻게 인생의 문제를 풀어내느냐'가 아니라 '답을 구하기 위해 어디로 달려가야 하느냐'를 고민해야 함을 보여 줍니다. 큐티의 방법은 '말씀이신 그리스도를 어떻게 내 안에 담는가'와 관련해서 이해되어야 하며 큐티의 과정 역시 '주님을 끊임없이 바라보는 것'에 초점을 맞춰야 합니다.

큐티를 함에 있어 가장 중요한 원칙 중 하나는 '내가 결정하지 않는다'는 것입니다. 말씀에 하나님의 영이 임하고 말씀의 빛이 나를 비추는 시간이 큐티입니다. 큐티를 이끌어 가시는 분은 성령이시지 내가 아닙니다. 마음을 열고 큐티를 통해 말씀을 만나게 하는 분도 성령이며, 깨달음을 주시고 말씀을 따라 동행하게 하시는 분도 성령입니다. 그래서 큐티를 잘하기 위해서는 순서와 방법에 따라 정해진 틀에 얽매이기보다는 성령의 인도하심에 의지하고 순종하는 자세가 중요합니다.

> "현대의 기독교 영성 대부분은 영적 생활에 대해 '그리스도의 형상 가운데 있는 전인성을 향해 역동적으로 계속 발전해 가는 성장'으로 보지 않는다. 대신 영적 생활을 정적인 소유물로 간주하려는 경향이 있다. 영성이 정적인 소유물로 간주되면, 영적 전인성으로 향한 길은 그저 자신이 원하는 영성을 위해 정보와 기술을 습득하는 것이라고 생각하게 된다."(「예수를 닮아가는 영성 여행 길라잡이」, M. 로버트 멀홀랜드)

믿음과 순종을 배우는 광야 학교
출애굽 후 40년간 이어진 이스라엘 백성의 광야 여정은 큐티의 과정과 방법을 이해하는 핵심이 주님을 바라보는 데 있음을 잘 보여 줍니다.

출애굽 사건은 세상을 등지는 사건이 아닙니다. 출애굽 사건이 세상을 등지는 사건이라면 이스라엘 백성은 광야에 머물러야 했을 것입니다. 또한 출애굽 사건은 애굽에서 가나안으로 삶의 터전을 옮기는 사건도 아닙니다. 삶의 터전을 옮기는 사건이라면 광야에 머물 이유가 없었을 것입니다. 이스라엘 백성에게 광야의 시간과 훈련이 필요했던 이유를 알기 위해서는 먼저 출애굽 사건의 성격과 이스라엘 백성을 가나안 땅으로 인도해 가시는 하나님의 뜻과 섭리가 무엇인지를 이해할 필요가 있습니다.

하나님이 이스라엘 백성을 가나안으로 인도하신 목적은 단순히 가나안 땅이 주는 축복을 누리며 살게 하기 위함이 아닙니다. 가나안을 목적지로 한 출애굽 사건은 가나안 정복과 땅의 변화라는 사명(신 7:1~5)을 위해 시작된 사건이었습니다. 광야에서의 40년 여정은 이스라엘 백성이 가나안 땅을 정복하기 위해 준비하고 훈련한 기간이었습니다.

❖ 출애굽기 16장 31~35절, 40장 36~38절, 민수기 11장 31절을 읽으십시오.

❖ 광야에서 이스라엘 백성은 무엇을 통해 하나님을 경험했습니까?

하나님은 구름기둥과 불기둥으로 이스라엘 백성의 광야 여정을 인도하셨습니다. 구름이 떠오르지 않으면 아무리 급해도 빨리 갈 수 없는 길이 광야 길이며, 구름이 움직이면 아무리 피곤해도 쉼 없이 가야 하는 길이 광야 길이었습니다. 이스라엘 백성은 구름기둥과 불기둥을 바라보며 하나님의 인도하심에 따라 인생의 속도를 조절하는 훈련을 했습니다. 또한 이스라엘 백성은 광야에서 매일 만나와 메추라기를 통해 자신들을 먹이시는 하나님을 경험했으며 하나님께 매일의 삶을 맡기는 훈련을 했습니다. 광야 훈련의 핵심은 하늘을 바라보는 것이었습니다. 결국 하늘을 바라보며 그들이 훈련했던 것은 하나님에 대한 믿음과 말씀에 대한 순종이었습니다.

❖ 신명기 8장 2~6절을 읽으십시오.

이런 광야 훈련이 무엇을 위한 것이었는지를 잘 드러내 주는 사건이 가나안 정복과 땅의 분배 과정이었습니다. 이스라엘 각 지파별로 땅을 분배하는 과정은 매우 특이한 방식으로 진행됩니다.

❖ 여호수아 14장 2절을 읽으십시오.

❖ 이스라엘의 각 지파는 어떻게 땅을 분배했습니까?

이스라엘 지파들이 땅을 분배하는 방식에 있어 특이한 점은 힘 있는 자가 더 좋은 땅, 더 많은 땅을 차지하는 세상의 방식이 아니라 제비를 뽑아 하나님이 정해 주시는 대로 땅을 차지하는 믿음의 방식이었다는 것입니다. 이런 관점에서 출애굽 사건은 세상을 등지는 사건이 아니라 세상의 방식을 등지는 사건이며 광야는 가나안을 정복하기 위해 필요했던 믿음의 방식을 훈련했던 곳이었습니다.

이스라엘 백성이 광야에서 하나님의 인도와 보호하심을 경험하고 믿음과 순종을 훈련했던 것처럼 큐티는 하나님을 바라보며 믿음과 순종을 훈련하는 과정입니다. 그리고 이러한 과정을 통해 우리는 세상 속에서 하나님의 인도와 보호하심에 대한 확신을 얻게 됩니다. 하늘을 바라보는 것이 광야 훈련의 핵심이었던 것처럼 큐티의 과정과 방법을 이해하는 핵심 또한 주님을 바라보는 데 있습니다. 이와 같이 큐티의 과정 속에서 주님을 끊임없이 바라볼 때 매일 삶에서 당면하는 문제들을 하나님의 눈으로 바라볼 수 있게 될 것입니다.

큐티의 순서

큐티를 시작하기 전에 「생명의 삶」과 같은 큐티지와 큐티 노트 및 필기도구를 미리 준비하십시오. 큐티는 매일 정해진 시간과 장소로 나아가는 것에서 시작됩니다. 큐티를 위해 정한 시간과 장소에서 다음과 같은 순서로 큐티하십시오.

1. 찬양과 기도
2. 읽기
3. 묵상(해석, 조명, 교제)
4. 적용
5. 기도

찬양, 영혼을 향한 선포

찬양과 기도로 큐티를 시작하고 말씀 앞에 나아갈 수 있도록 준비하십시오. 찬양은 하나님을 향해 우리의 마음을 열어 주며, 기도는 세상을 향했던 우리의 시선을 하나님께 향하게 합니다. 큐티를 찬양과 기도로 시작하는 이유는 큐티의 전 과정 속에서 마음의 고요함을 유지하고 성령의 인도하심을 따라가도록 준비하기 위해서입니다.

❖ 사무엘상 16장 23절을 읽으십시오.

❖ 찬양의 유익에 대해 나누어 보십시오. 개인적으로 찬양을 통해 얻는 은혜가 있다면 나누어 보십시오.

찬양으로 큐티를 시작하는 이유는 단순히 큐티하기 좋은 분위기를 만들기 위해서가 아닙니다. 찬양은 선포입니다. 큐티하는 과정 속에서 하나님만을 바라보도록 자신의 영혼을 향해 선포하는 것이 찬양입니다.

찬양으로 큐티를 시작하는 것이 큐티에 많은 도움이 되는 것은 사실이지만 개인이 혼자 찬양을 정하고 부르기란 쉽지 않을 수 있습니다.「생명의 삶」과 같은 큐티지에는 그날 본문과 연관된 찬양곡이 제시되어 있습니다. 찬양을 위해 큐티지에 제시된 찬양곡을 참고하십시오.

또한 개인적으로 익숙하거나 좋아하는 찬양이 있다면 미리 찬양 CD나 음악 파일을 준비하십시오. 너무 빠른 리듬과 박자의 찬양보다는 마음의 고요함을 돕는 찬양을 준비하는 것이 좋습니다. 예배와 고백에 관련된 찬양이나 치유나 위로를 주제로 한 찬양을 준비하십시오. 큐티를 시작할 때 찬양을 들으며 함께 부르십시오. 때로는 찬양을 부르지 않고 듣는 것만으로도 충분합니다.

❖ 개인적으로 하나님의 은혜를 경험하게 하는 찬양곡이 있다면 목록을 작성해 보십시오.

기도, 시선을 하나님께로

큐티를 위해 조용한 시간과 장소가 필요하지만 하나님의 음성을 가로막는 장애물은 세상의 소리뿐만이 아닙니다. 우리의 내면 역시 너무나 많은 소리로 채워져 있습니다. 그래서 조용한 장소라는 물리적 환경 외에도 하나님의 음성을 듣기 위해 내면의 소리를 다루어야 할 필요가 있습니다. 기도는 내면의 소리를 다루는 성경적인 방법입니다. 우리는 기도를 통해 집중해야 할 것에 집중할 수 있게 됩니다.

기도는 우리를 하나님과의 올바른 관계로 인도하는 통로입니다. 매일의 분주한 삶은 하나님에게서 멀어지게 하며 하나님과의 거리는 하나님의 음성을 듣기 힘들게 만드는 주요한 요인입니다. 큐티를 통해 하나님의 음성을 듣기 위해서는 분주한 삶의 걸음을 멈추고 말씀을 통해 임하실 하나님을 기대하며 은혜의 보좌 앞으로 나아가야 합니다. 오늘의 큐티 본문을 읽기 전에 먼저 기도로 하나님 앞에 나아가십시오. 그렇다면 무엇을, 그리고 어떻게 기도해야 할까요?

1. 멈춤

하나님을 바라보고 하나님 앞에 조용히 멈추어 설 수 있도록 기도합니다. 큐티를 시작하면서 오늘 성령께서 내게 하시고자 하는 말씀에 귀 기울일 수 있도록, 하나님의 음성에 민감할 수 있도록, 듣고 깨달은 말씀을 삶 속에서 행할 수 있도록 기도하십시오.

❖ 시편 119편 18절을 읽으십시오.

2. 고요함

큐티하는 과정에서 마음의 고요함을 지킬 수 있도록 기도하십시오. 성령께서 나의 마음을 열고 하나님의 음성을 듣는 과정에서 방해가 되는 불순물들을 제거해 주시도록 기도해야 합니다.

❖ 누가복음 8장 4~8절을 읽으십시오.

❖ 이 말씀의 내용을 설명해 보십시오.

❖ 누가복음 8장 11~15절을 읽으십시오.

누가복음 8장 11~15절은 앞서 4~8절에 기록된 '밭의 비유'가 무엇을 의미하는지 밝혀 주신 주님의 해석입니다.

❖ '밭의 비유'에 대한 주님의 해석은 무엇인지 설명해 보십시오.

씨 뿌리는 자는 좋은 밭만을 골라서 씨를 뿌리지 않습니다. 씨는 모든 땅에 뿌려지지만 뿌려진 모든 씨가 자라는 것은 아닙니다. 주님의 비유는 씨앗이 자라지 못하는 것이 씨앗의 문제가 아닌 밭의 문제임을 보여 줍니다. 씨앗이 자라기 위해서는 좋은 밭에 뿌려져야 합니다. 주님이 비유로 보이신 것처럼 말씀의 씨앗은 좋은 밭과 같은 마음에 뿌려질 때에만 제대로 자라날 수 있습니다. 문제는 우리 스스로 씨가 자라기에 합당한 좋은 밭으로 바뀔 수 없다는 것입니다. 이는 성령의 역사로만 가능합니다. 그래서 기도해야 합니다. 그리고 이러한 기도의 핵심은 맡기는 데 있습니다.

❖ 자신의 마음을 어떠한 밭에 비유할 수 있는지 점검해 보십시오. 하나님의 말씀이 제대로 자랄 수 없게 하는 내 안의 장애물이 있다면 무엇인지 나누어 보십시오.

3. 변화

또 한 가지 기도해야 할 것은 변화를 위한 기도입니다. "하나님이 이미 다 아시는데 왜 기도해야 하는가?"라는 질문이 생길 수 있습니다. 하지만 우리가 기도해야 하는 이유는 하나님이 자신의 뜻을 이루기 위해 예정하신 방법이 기도이기 때문입니다. 우리의 인생 가운데 하나님이 계획하신 많은 일이 있습니다. 하지만 이러한 계획은 기도를 통해서만 이루어질 수 있으며 기도하지 않는다면 우리의 인생 가운데 하나님이 계획하신 그 어떤 일도 일어나지 않을 것입니다.

❖ 마태복음 26장 39~42절을 읽으십시오.

❖ 이 본문은 십자가를 앞에 둔 주님의 기도를 기록하고 있습니다. 39절과 42절을 다시 읽은 후 주님의 기도가 어떻게 변했는지 설명해 보십시오.

하나님이 아니라 나를 변화시키는 것이 기도입니다. 기도는 우리의 뜻을 고집하지 않고 하나님의 뜻에 순종하게 합니다. 예수님이 하나님의 뜻에 순종할 수 있었던 이유, 그러나 제자들이 그럴 수 없었던 결정적 이유 하나를 꼽자면 바로 기도라고 할 수 있습니다.

변화를 위해 구체적으로 다음의 내용을 기도하십시오.
1) 성결함을 위해 기도하십시오. 일상 속에서 저지른 죄와 현실에 대한 염려, 세상에 대한 부러움과 두려움 등과 같은 마음의 짐을 십자가 앞에 내려놓고 그리스도의 피로 자신을 정결하게 해 달라고 기도합니다.
2) 순종을 위해 기도하십시오. 자신의 뜻과 생각을 고집하지 않도록 기도하십시오. 그리고 하나님이 삶의 온전한 주인이 되시며 말씀을 통해 들려주실 하나님의 음성과 인도하심에 순종하며 따를 수 있도록 기도합니다.
3) 성령의 인도하심을 위해 기도하십시오. 지각과 명철이 뛰어나신 하나님을 의지하며 큐티하는 과정과 삶의 현장에서 성령의 인도하심을 따라갈 수 있도록 기도합니다.

무엇을 기도하는가도 중요하지만 어떻게 기도하는가도 중요합니다. 마음의 고요함을 유지하기 위해 충분히 기도하는 것도 중요하지만 충분한 기도가 곧 오래 기도하는 것을 의미하지는 않습니다. 기도의 핵심은 믿음으로 맡기는 데 있습니다. 자신이 고요함을 느낄 때까지 오랜 시간을 기도해야 한다면 그것은 기도가 아닌 명상에 가까운 것입니다. 짧지만 분명하게 기도하십시오. 반드시 기도가 길어야 할 필요는 없습니다. 기도의 길이와 상관없이 기도해야 할 것을 분명하게 기도하는 것이 중요합니다.

❖ 자신의 기도를 점검해 보십시오. 기도에서 우선순위에 두는 것은 무엇입니까?

❖ 기도가 힘들거나 잘 되지 않을 때는 어떤 경우입니까?

❖ 자신의 기도문을 기록해 보십시오.

네 번째 만남을 통해 큐티의 기본과 순서에 대해 알아보았습니다. 네 번째 만남에서 배운 것들을 다음 질문을 통해 다시 한 번 점검해 보십시오.

1. 큐티를 위해 준비해야 할 것은 무엇입니까?
2. 큐티의 순서에 대해 설명해 보십시오.
3. 찬양과 기도로 큐티를 시작하는 이유에 대해 설명해 보십시오.

【 과제 】
1. 네 번째 만남에서 공부한 내용을 복습하십시오.
2. 다섯 번째 만남을 예습하십시오.
3. 매일 날짜에 해당하는 「생명의 삶」 본문을 세 번씩 읽으십시오.
4. 큐티를 위한 찬양 CD나 음악 파일을 준비하십시오.
5. 큐티 노트에 자신의 기도문을 적으십시오.

본문을 어떻게 읽어야 할까요?

성경에 의해 변화받지 못하는 사람은
오직 성경을 읽지 않는 사람뿐이다.
– 린제이 페리고

기도가 밭을 가는 과정이라면 읽기는 마음 밭에 말씀의 씨앗을 뿌리는 과정이라고 할 수 있습니다. 흔히 큐티에서 중요한 것은 본문을 해석하고 조명하는 묵상의 과정이라고 여깁니다. 그리고 이러한 묵상을 힘들고 어렵다고 생각합니다. 그러나 실상 묵상을 어렵게 만드는 가장 큰 이유 한 가지는 본문을 제대로 읽지 않는다는 데 있습니다. 읽기는 묵상과 적용의 기초입니다. 말씀의 의미를 제대로 깨닫고 삶에 적용하기를 기대한다면 읽기에 소홀해서는 안 됩니다. 읽기가 묵상을 결정하고 묵상이 적용을 결정한다는 사실을 기억하십시오.

알레스데어 매킨타이어는 「덕의 상실」이라는 책에서 "나는 무엇을 해야 하는가?"라는 물음에 대답하려면 그에 앞서 "나는 어떤 이야기의 일부인가?"에 답할 수 있어야 한다고 했습니다. 우리의 인생은 많은 이야기로 채워져 있습니다. 성경을 읽는 목적은 일차적으로 말씀을 이해하기 위함이지만 궁극적으로는 이를 통해 우리를 채우고 있는 이야기들이 어떤 이야기의 일부인지 알기 위함입니다. 말씀 속에서 자신의 이야기를 만날 때 우리는 삶으로 써 가야 할 이야기를 알게 되며, 그로써 내 이야기로 채워졌던 삶이 하나님의 이야기로 채워져 가게 됩니다. 그렇다면 말씀을 자신의 이야기로 읽는다는 것은 구체적으로 어떤 의미일까요?

❖ 사무엘하 12장 1~15절을 읽으십시오.

본문에는 다윗이 죄를 범하자 하나님이 선지자 나단을 통해 그를 책망하시는 내용이 나옵니다. 나단과 다윗의 대화는 말씀 속에서 자신의 이야기를 만난다는 것이 어떤 의미인지 잘 보여 주는 일례입니다. 말씀을 통해 자신을 향한 하나님의 음성을 듣는다는 것은 이처럼 말씀을 자신과 무관한 이야기로 여기지 않고 자신의 이야기로 읽는 것을 의미합니다. 이 과정을 통해 우리는 자신이 써 가는 이야기와 써 가야 할 이야기 사이에 거리가 있음을 발견하게 되며 그로 인해 변화에 대한 갈망을 지니게 됩니다. 아무리 자주 말씀을 만난다고 해도 말씀을 자신의 이야기로 읽지 못할 때 말씀과 무관하게 살 수밖에 없으며 말씀을 통한 변화와 성숙을 기대할 수 없습니다. 그런 의미에서 읽기의 중요성은 아무리 강조해도 지나치지 않습니다. 그렇다면 본문을 어떻게 읽어야 하며 본문에서 무엇을 읽어야 할까요?

큐티 본문 정하기
읽기의 방법을 이야기하기 전에 먼저 무엇을 읽을 것인지 결정해야 합니다. 매일 성경으로 큐티할 수 있다면 성경의 각 권을 따라 큐티하는 것이 가장 좋은 방법입니다. 하지만 이 방법의 단점은 본문의 분량을 임의로 정해야 하고 매일 지속하기가 힘들다는 것입니다. 이런 단점을 보완하기 위해 매일의 본문이 정해져 있는 「생명의 삶」 같은 큐티지를 사용하는 것이 유익합니다.

큐티에 있어 지속성은 놓쳐서는 안 될 중요한 요소이지만 가장 지키기 힘든 부분이기도 합니다. 여건상 큐티를 며칠 쉬었다가 다시 시작하려면 건너뛴 만큼 한꺼번에 본문을 보려는 경향이 나타납니다. 하지만 그러한 경우라도 지난 본문에 집착하지 않고 그 날짜에 해당하는 본문부터 다시 시작하면 됩니다.

❖ 큐티지를 통해 이달의 본문과 오늘의 큐티 본문을 확인하십시오.

읽는 만큼 보인다

본문을 제대로 읽으려면 '어떻게 본문을 읽어야 하는가'(How to read, 읽기의 방법)와 본문에서 '무엇을 읽어야 하는가'(What to read, 읽기의 대상)에 대해 이해해야 합니다. 먼저 어떻게 본문을 읽어야 할지 생각해 보겠습니다.

1. 어떻게 본문을 읽을 것인가?

성경 공부는 성경이 기록된 과거로 돌아가 말씀과 만나는 것입니다. 하지만 큐티는 성경이 기록된 때로 거슬러 올라가는 것이 아니라 기록된 말씀이 지금 이 시대를 살아가는 우리에게 찾아오는 것이라고 할 수 있습니다.

❖ 요한계시록 3장 20절을 읽으십시오.

주님은 우리를 찾아와 함께 교제하기를 원하십니다. 큐티는 말씀으로 우리를 찾아오시는 주님과 만나고 교제하는 것입니다. 그래서 주님과의 올바른 교제를 위해 필요한 것이 기다림과 열린 마음입니다. 따라서 큐티를 할 때 '찾기와 발견'이 아니라 '머무름과 드러남'의 과정에 중점을 둬야 하며 읽기의 과정 속에서도 그 부분에 중점을 두어야 합니다.

❖ 자신이 글을 읽는 태도는 어떠한지 점검해 보십시오.

1) 천천히 읽으십시오.

노벨상을 수상한 물리학자 마리 퀴리는 '틀리지 않는 비결은 서두르지 않는 것'이라고 말했습니다. 조급하게 본문을 읽지 말고 말씀에 집중해서 본문의 흐름과 내용을 충분히 이해할 수 있도록 천천히 읽으십시오. 특히 주의해야 할 점은 읽기 과정 속에서 자신에게 익숙하거나 필요에 따른 특정한 말씀을 찾으려 하지 않는 것입니다.

❖ 누가복음 10장 38~42절을 읽으십시오.

❖ 본문의 내용을 설명해 보십시오.

마르다와 마리아가 예수님을 대하는 태도를 비교하면서 본문을 다시 읽어 보십시오.

❖ 예수님이 지적하신 마르다의 문제는 무엇입니까?

예수님은 마르다의 헌신과 열심을 책망하신 것이 아닙니다. 다만 주님을 위해 헌신하는 열심보다 우리를 향한 주님의 뜻이 무엇인지 헤아리는 것이 우선이며 중요함을 말씀하신 것입니다.

천천히 말씀을 읽어야 하는 이유는 기본적으로 말씀의 내용을 제대로 이해하기 위함이지만 더 중요한 이유는 말씀 앞에 머물기 위함입니다. 주님 앞에 머물 수 없다면 우리를 향한 주님의 뜻이 제대로 드러날 수 없으며 우리 역시 주님의 뜻과 무관한 일에 열심을 내며 오히려 주님에게 비난의 화살을 돌렸던 마르다의 문제를 반복하게 될 것입니다.

❖ 개인적으로 조바심을 내며 분주함에서 벗어나지 못하게 하는 것들이 있다면 무엇인지 나누어 보십시오.

2) 반복해서 많이 읽으십시오.

본문을 읽을 때는 반복해서 읽되 본문의 내용을 충분히 이해할 수 있을 때까지 읽는 것이 중요합니다. 본문의 내용을 이해하는 것은 읽기의 목적이며 기초라고 할 수 있습니다. 하지만 큐티에서의 읽기는 성경 공부와 달리 본문의 내용을 이해하고 해석하는 것에만 주안점을 두지 않고 말씀과 내 삶이 만나는 것에 중점을 두어야 합니다.

성경의 책들 가운데에는 읽기 자체가 힘든 책도 있고 아무리 읽어도 내용이 이해되지 않는 책도 있습니다. 난해하고 생소한 본문을 만날 때 우리는 성경 자체가 어렵기 때문이라고 생각하지만 본문이 어렵게 느껴지는 일차적인 이유는 성경을 제대로 읽어 본 적이 없기 때문입니다. 말씀이 생소하다는 것은 결국 말씀과 자신의 삶에 거리가 존재한다는 이야기입니다. 말씀과의 이러한 거리는 반복해서 말씀을 읽는 것만으로도 충분히 좁혀질 수 있습니다.

반복해서 말씀을 읽다 보면 말씀이 보이기 시작하고 말씀을 통해 이야기를 건네시는 하나님의 음성도 들리게 됩니다. 이러한 과정 속에서 말씀과 내 삶이 만나고 말씀을 나의 이야기로 읽을 수 있게 됩니다.

❖ 말씀을 읽고 묵상하는 가운데 말씀을 나의 이야기로 읽었던 경험이 있다면 나누어 보십시오.

3) 확신을 가지고 읽으십시오.

하나님은 자신의 얼굴을 구하는 자를 결코 외면하지 않으십니다. 어떠한 말씀 앞에서도 겸손을 잃지 말아야 하며 반드시 말씀해 주실 것이라는 확신을 가지고 말씀을 읽어야 합니다.

❖ 누가복음 11장 9~10절을 읽으십시오.

예수님은 하나님께 구하고 찾고 두드리는 자들이 응답을 받게 될 것이라고 말씀하십니다. 하지만 구한 대로 늘 받는 것은 아닙니다. 왜 그럴까요?

❖ 누가복음 11장 11~13절을 읽으십시오.

때로는 우리가 구한 대로 주시지 않을 수도 있지만 하나님은 우리가 구할 때 우리에게 필요한 것을 공급해 주십니다. 우리는 자신에게 무엇이 필요한지 알지 못해서 엉뚱한 것을 구할 때가 많지만 하나님은 우리의 필요를 정확히 알고 계시기 때문입니다. 말씀을 통해 하나님을 찾고 구할 때 하나님은 반드시 우리를 만나 주실 것입니다. 이러한 확신을 갖고 말씀을 읽으십시오.

2. 경계해야 할 읽기의 태도

성경을 읽다 보면 비슷한 내용이 반복되거나 이해하기 어려운 본문을 만나게 됩니다. 이런 경우 경계해야 할 잘못된 읽기의 경향이 나타납니다.

1) 선입견과 매너리즘

본문을 읽다 보면 자주 접했던 익숙한 말씀을 만나기도 합니다. 그런 경우 일반적으로 예전에 자신이 묵상하고 은혜 받았던 것을 떠올리며 본문을 대하게 됩니다. 그러나 이런 식으로 본문을 대하면 오늘 내 삶의 현장 속에 찾아와 말씀하시는 하나님을 만날 수 없게 됩니다. 본문의 내용이 달라지는 것은 아니지만 그 말씀을 만나는 자신의 삶이 늘 달라지기 때문에 말씀은 매번 새로울 수밖에 없습니다. 그리스도인은 어제의 은혜로 오늘을 사는 자가 아닙니다. 익숙한 본문일지라도 그 본문을 통해 오늘 주실 은혜는 어제와 다른 은혜일 것입니다.

설교와 성경 공부 등을 통해 자주 말씀을 접할 기회를 가졌던 사람은 말씀을 이해하는 기본적인 틀을 가지고 있습니다. 말씀을 이해하는 틀을 가지는 것은 중요합니다. 그러나 우리가 가진 틀이 완전하지 않기 때문에 자신이 가진 틀로만 말씀을 보려고 할 때 말씀이 이야기하고자 하는 것을 제대로 듣지 못할 위험이 늘 존재한다는 것을 기억해야 합니다.

매너리즘에 빠져 말씀에 대한 기대를 잃어버리거나 선입견을 가지고 말씀을 대하는 것에 대해 경계하십시오. 이러한 말씀 읽기가 반복되면 큐티의 기쁨을 잃어버린 채 형식적이고 의무적인 큐티가 되풀이되면서 큐티에 대한 흥미를 잃게 됩니다. 하나님을 기대하는 마음으로 본문에 대한 선입견을 버리고 본문을 처음 대하는 것처럼 말씀을 읽으십시오.

2) 직관

많은 사람이 지닌 또 다른 잘못된 읽기의 태도는 읽는 도중에 멈추고 판단하기 시작하는 것입니다. 익숙한 본문을 만날 때도 그러하지만 생소한 본문을 만날 때도 이러한 잘못된 읽기의 태도가 쉽게 나타납니다.

생소한 본문을 만날 때 직관적으로 본문을 읽어 내려는 태도를 경계할 필요가 있습니다. 직관적으로 말씀을 읽는다는 것은 말씀의 내용과 흐름을 무시하거나 소홀히 여긴 채 자신에게 주어지는 느낌을 중시하며 특정한 단어와 구절에 집착하는 읽기의 태도를 말합니다.

흔히 큐티에 대해, 직관적으로 말씀을 읽으며 개인적인 느낌을 중시하는 주관적인 성경 읽기와 해석으로 이해하는 경향이 있습니다. 이렇게 큐티를 이해하는 사람들에게서 성경 본문을 주관적으로 읽어 내려는 경향이 드러나는 것은 어쩌면 당연하다고 할 수 있습니다. 하지만 이렇게 말씀을 읽는다면 개인적인 삶의 정황과 관련 있는 말씀이나 소위 '은혜가 되는' 몇몇 구절에만 쉽게 반응하게 되어 말씀이 우리를 이끌어 가려는 방향과는 무관하게 지극히 주관적인 방향으로 큐티가 흘러가게 됩니다.

"개인적으로 말씀을 만난다"라거나 "나의 이야기로 말씀을 읽는다"라는 것을 직관에 의지해서 말씀을 읽는다는 의미로 오해해서는 안 됩니다. 말씀을 직관적으로 읽기보다는 오히려 객관적으로 읽는 태도가 바람직하며, 이럴 때 더욱 쉽게 말씀을 나의 이야기로 만날 수 있습니다.

3) 참고 자료

난해한 내용을 이해하기 위해 주석을 비롯한 다양한 참고 자료를 이용하는 것 역시 경계해야 할 읽기의 태도입니다. 참고 자료를 펴 놓은 채 큐티 본문을 읽지 마십시오. 말씀의 내용을 정확히 이해하고자 하는 의도는 바람직하지만 자칫 큐티가 성경 공부로 흐를 위험이 있습니다. 난해한 내용이라 할지라도 대부분의 경우 천천히 반복해서 읽거나 다양한 성경 역본(표준 새번역, 우리말 성경, 외국어 성경 등)을 읽는 것만으로도 내용을 이해하는 데 충분합니다.

❖ 읽기와 관련된 자신의 태도와 습관 중 고쳐야 할 점이 있다면 나누어 보십시오.

❖ 오늘의 큐티 본문을 그 내용과 흐름이 충분히 이해될 때까지 천천히 반복해서 읽으십시오.

3. 무엇을 읽어야 하는가?

읽기의 본질적인 목적은 본문의 내용을 이해하는 데 있습니다. '저자가 무엇을 말하고 있는가?'와 관련된 성경 속의 세계를 열어 주는 것이 읽기입니다. 그래서 본문을 읽는 과정에서 본문이 이야기하는 내용과 흐름을 제대로 읽기 위해 어떤 부분을 주목해서 읽어야 하는지 이해하는 것이 중요합니다.

1) 누가(Who)

본문을 읽으며 첫 번째로 주목해야 할 부분은 등장인물입니다. '누가'(who) 말하는가, '누구에게'(to whom) 말하는가, '누구에 대하여'(about whom) 말하는가를 주목해서 읽으십시오.

본문이 '누가', '누구에게', '누구에 대한' 이야기인지를 제대로 읽지 못하면 묵상과 적용의 과정에서 말씀과 무관한 묵상과 적용을 하게 됩니다. 그래서 큐티 본문을 나의 이야기로 읽기 위해서 인물 중심의 본문을 읽을 때뿐 아니라 모든 성경을 읽을 때 가장 주목해야 할 부분이 '누가'에 대한 부분입니다.

2) 무엇을(What)

본문을 읽으며 두 번째로 본문이 '무엇'을 이야기하는지에 주목해야 합니다. 본문의 내용이나 흐름을 정확하게 이해하기 위해 본문에서 일어나는 사건이나 본문이 전하려는 핵심적인 내용이 무엇인지를 읽는 것이 중요합니다.

❖ 오늘의 큐티 본문을 읽으십시오.

❖ 오늘의 큐티 본문이 무엇에 대해 이야기하는지 설명해 보십시오.

내 고민거리에 대해 말씀이 어떻게 이야기하는지 들으려고 애쓰기보다 말씀을 통해 내가 고민해야 할 문제가 무엇인지 듣는 것이 큐티입니다. 그래서 건강한 큐티를 위해서는 본문이 무엇을 이야기하는지 제대로 읽어 내는 것이 중요합니다.

대체적으로 본문 읽기는 '누가'와 '무엇을'에 해당하는 내용을 읽고 이해하는 것으로 충분합니다. 읽기를 통해 이해한 내용을 바탕으로 본문의 내용이 의미하는 바를 찾아가는 과정이 해석입니다. 해석은 '어떻게'(How)와 '왜'(Why)라는 질문을 통해 논리적 사고 혹은 생각의 과정을 거쳐 본문의 내용이 지닌 의미를 이해하는 것입니다. 따라서 '어떻게'와 '왜'는 읽기와 해석을 연결하는 고리와 같은 역할을 합니다. 종종 본문 가운데 해석의 과정에서 주로 사용하는 '어떻게'와 '왜'에 해당하는 내용이 드러나 있는 경우도 있습니다. 따라서 충분히, 제대로 본문을 읽는 것은 본문이 의도하는 바를 제대로 해석하는 기초가 됩니다.

3) 어떻게(How)

모든 본문이 그런 것은 아니지만 본문을 읽다 보면 본문이 다루는 내용뿐 아니라 본문 자체가 그 내용에 대해 '어떻게' 접근하고 있는지 읽을 수 있는 본문이 있습니다.

❖ 누가복음 14장 7~11절을 읽으십시오.

❖ 이 본문이 무엇에 대해 이야기하는지 설명해 보십시오.

읽기를 통해 이 본문은 겸손에 대한 예수님의 가르침을 기록하고 있음을 알 수 있습니다.

❖ 개인적으로 '겸손'에 대해 어떻게 이해하고 있는지 나누어 보십시오.

❖ 이 본문이 겸손에 대해 어떻게 이야기하고 있는지 나누어 보십시오.

예수님이 가르치신 겸손은 무조건 낮아지는 것을 의미하지 않습니다. 낮은 자리가 아니더라도 주인이 정해 주는 자리에 가서 앉는 것이 예수님이 말씀하신 겸손입니다. 따라서 성경이 이야기하는 겸손의 정확한 의미는 '낮아짐'이 아니라 '순종'이라고 할 수 있습니다.

충분히 본문을 읽는다면 본문이 겸손에 대한 가르침을 담고 있다는 사실 이외에도 예수님이 가르치신 겸손이 무엇을 의미하는지 이해할 수 있습니다. 즉, 겸손에 대해 어떻게 접근하고 있는지 본문에 드러나 있다는 것입니다. 이 본문에서는 겸손의 의미를 사고(해석)의 과정이 아니라 읽기의 과정에서 이해할 수 있습니다. 이와 같이 본문이 내용의 의미를 직접적으로 설명하는 경우, 읽기의 과정을 무시하거나 소홀히 한 채 해석을 통해 의미를 깨달으려 한다면 성경이 이야기하려는 것과 무관한 방향으로 본문을 이해할 수도 있음을 기억하십시오.

본문이 다루는 내용을 본문 스스로 어떻게 접근하는지 읽어 내는 것은 본문에 대한 정확한 해석 및 적용과 연결되는 매우 중요한 과정입니다. 해석의 과정을 통해 우리는 겸손의 올바른 의미를 이해할 수 있으며 이를 통해 우리가 이해하는 겸손과 예수님이 말씀하신 겸손이 어떻게 다른지도 알 수 있게 될 것입니다. 그러나 이런 해석과 적용의 과정은 먼저 본문이 이야기하는 내용을 제대로 이해하는 데서 출발해야 합니다. 본문을 읽으며 곧장 내용의 의미를 해석하려 하지 말고 먼저 본문이 '무엇을' 그리고 '어떻게' 이야기하는지 제대로 읽는 일에 집중하십시오.

4) 왜(Why)

본문의 의미에 접근하기 위해 해석의 과정에서 하는 질문이 '왜'(Why)입니다. 이를 통해 중요한 등장인물이 보이는 특정 행동의 원인을 밝히거나 사건과 배경(상황, 시간, 장소 등)을 연결할 수 있으며 그로써 특정한 행동과 사건의 의미가 드러나게 됩니다. '어떻게'(How)와 마찬가지로 '왜'(Why)에 해당하는 부분도 말씀의 내용과 의미를 연결하는 중요한 고리 역할을 합니다.

'어떻게'의 경우처럼 '왜'에 해당하는 부분 역시 본문의 내용 속에 직접 드러나 있는 경우가 있습니다. '어떻게'와 같이 사고(해석)의 과정이 아니라 읽기의 과정을 통해 '왜'에 해당하는 부분을 이해할 수 있다는 의미입니다.

❖ 요한복음 11장 1~6절을 읽으십시오.

❖ 이 본문의 내용을 설명해 보십시오. '누가' 어떤 행동을 하고 있습니까?

❖ 본문은 예수님이 나사로의 병을 고치기 위해 베다니를 찾지 않으셨던 이유를 무엇이라고 설명합니까?

5절에는 예수님이 나사로를 찾지 않으셨던 이유가 분명하게 나옵니다. 이 말씀이 기록되어 있지 않았다면 예수님이 베다니의 나사로를 찾지 않으셨던 이유를 추측해야 했을 것입니다. 예수님의 행동은 상식적으로 누군가를 사랑할 때 취하는 행동이라고 할 수 없기 때문에 예수님이 이렇게 행동하신 이유를 사랑하셨기 때문이라고 이해하기란 어려울 것입니다. 그래서 우리는 예수님의 행동에 대한 이유를 다른 데서 찾았을 것이며 결국 본문의 내용에서 이야기하고자 했던 사랑의 본질에 다가서기 어려웠을 것입니다.

인물의 행동과 사건의 배경을 제공하는 원인은 이처럼 직접적으로 본문에 기록되어 있기도 하지만 내용의 배경이 되는 때와 장소에 의해 영향을 받기도 합니다. 그래서 본문에 등장하는 때와 장소 역시 주목해서 읽어야 할 부분입니다.

❖ 시편 137편을 읽으십시오.

❖ 이 본문의 배경이 된 때와 장소는 무엇입니까?

❖ 본문의 배경이 된 때와 장소가 본문의 내용과 어떻게 연결되는지 나누어 보십시오.

본문에는 주목해서 읽어야 할 많은 부분이 있습니다. 주목해서 읽어야 할 부분이 있다는 말을 말씀을 쪼개서 분석해야 한다는 이야기로 오해하지 마십시오.

전체의 내용을 제대로 이해하기 위해 주목해야 할 부분이 있다는 이야기입니다. 본문을 읽을 때는 부분보다는 전체의 내용을 이해할 수 있도록 읽어야 합니다.

한 가지 기억할 것은 누가 읽느냐에 따라 본문의 내용이 달라지지는 않지만 읽는 사람에 따라 주목해서 읽는 부분은 다를 수 있다는 것입니다. 말씀은 동일하지만 말씀을 읽는 사람의 삶이 각자 다르기 때문입니다. 동일한 말씀을 읽어도 말씀을 통해 듣는 하나님의 음성이 각자 다른 이유가 여기에 있습니다.

큐티는 말씀의 의미와 만나는 것이 아니라 말씀과 만나는 것입니다. 읽기를 통해 우리는 각자의 삶과 부딪히는 말씀을 만나게 되고 묵상의 과정을 통해 각자에게 말씀하시는 하나님을 만나게 됩니다.

다섯 번째 만남을 통해 본문을 어떻게 읽어야 하는지에 대해 알아보았습니다. 다섯 번째 만남에서 배운 것을 다음 질문을 통해 다시 한 번 점검해 보십시오.

1. 어떻게 본문을 읽어야 하는지에 대해 나누어 보십시오.
2. 경계해야 할 읽기의 태도에 대해 나누어 보십시오.
3. 본문을 읽을 때 무엇을 주목해야 하는지 나누어 보십시오.

【 과제 】
1. 다섯 번째 만남에서 공부한 내용을 복습하십시오.
2. 여섯 번째 만남을 예습하십시오.
3. 매일 「생명의 삶」 본문을 읽으며 주목해야 할 부분에 밑줄을 그으십시오.

성경, 바르게 읽어야 합니다

성경이라는 벌집에서 꿀을 채취하라.
그리고 그 달콤함을 누리며 살라.
– 찰스 스펄전

성경은 일반적으로 역사적, 신학적, 문학적 특성들을 고려하여 구분됩니다. 본문을 읽을 때는 각각의 본문이 지닌 이러한 특징들을 존중하며 읽어야 합니다. 성경은 한마디로 역사, 전기, 시와 노래, 교훈, 묵시, 비유, 편지 등 다양한 문학 양식을 아우르는 책입니다. 시를 읽는 법과 교훈적인 글을 읽는 방법은 다를 수밖에 없습니다. 따라서 본문을 제대로 읽기 위해서는 먼저 본문의 성격 혹은 문학적 양식(장르)에 대한 이해가 필요합니다.

❖ 잠언과 시편의 특성을 고려할 때 각각 읽기의 방법이 어떻게 달라져야 하는지 나누어 보십시오.

잠언과 시편은 대조되는 부분이 많은 책입니다. 잠언이 나에게 주시는 말씀이라면 시편은 내가 드리는 기도와 찬양입니다. 잠언이 논리와 이성을 가지고 머리로 읽는 책이라면 시편은 논리와 이성보다는 감정의 흐름을 따라 가슴으로 읽는 책입니다. 잠언을 읽을 때 필요한 것이 하나님의 뜻을 발견하고자 하는 의지라면 시편을 읽을 때 필요한 것은 하나님을 향한 갈망입니다. 하나님의 뜻을 찾아가는 구도자의 자세로 읽어야 하는 책이 잠언이라면 시편은 하나님을 갈망하는 기도자의 자세로 읽는 책입니다.

이처럼 본문을 읽을 때 내가 읽기의 방법을 결정하는 것이 아니라 성경 본문이 지닌 특징이 읽기의 방법을 결정하도록 해야 합니다. 본문을 제대로 읽기 위해서 먼저 본문의 성격 혹은 문학적 양식(장르)에 대한 이해가 필요한 이유가 여기에 있습니다.

본문의 특성이 읽기를 결정한다 – 전기, 서사, 교훈, 시가, 묵시, 서신

성경 본문의 특성이 읽기의 방법을 결정하기 때문에 본문을 읽기 전에 무엇보다 먼저 성경 본문이 어떤 범주에 속해 있는지 알아야 할 필요가 있습니다. 역사적, 신학적 특성도 고려해야 하지만 읽기에 있어 성경 본문을 구분할 때 고려해야 할 가장 주요한 특성은 문학적 특성입니다. 성경에 기록된 본문을 구별하는 문학적 특성이 있다면 각각의 본문은 반드시 그 기록된 목적에 따라 읽고 해석해야 합니다. 문학적 특성에 따라 구분할 경우, 성경 본문은 크게 다음과 같은 범주로 구분할 수 있습니다.

1. 전기(傳記, Biographical Text)

전기는 인물 중심의 이야기입니다. 창세기, 사사기와 같은 책이 전기적 본문의 대표적인 예입니다. 다음의 질문은 전기적 본문의 내용을 이해하기 위해 필요한 질문입니다. 본문을 통해서 이 질문의 답을 모두 얻지 못하는 경우도 있습니다. 또한 본문에 따라 이 질문들 외에 고려해야 할 다른 요소가 있을 수도 있습니다. 그러므로 모든 질문에 대해 답을 얻기 위해 본문의 내용을 억지로 유추해서 읽지 말고, 다음의 질문을 참고하여 본문에서 읽을 수 있는 것만 읽으십시오.

1) 본문의 중심인물 또는 등장인물은 누구입니까?

2) 본문은 등장인물들에 관련해 어떻게 설명하고 있습니까?

　(심리, 성품, 기질 등과 관련된 내적 요소 및 관계, 성장 배경, 처해 있는 환경 등과 관련된 외

　적 요소)

3) 본문의 등장인물들이 담당하는 역할은 무엇입니까?

4) 본문의 등장인물과 관련된 사건은 무엇입니까?

5) 본문의 등장인물에게 일어난 변화가 있다면 무엇입니까?

2. 서사(敍事, Epic and Historical Text)

서사는 사건 중심의 이야기입니다. 여호수아를 비롯한 성경의 역사서들과 복음서 및 사도행전 등이 서사적 본문의 범주에 속해 있다고 할 수 있습니다. 특히 이러한 본문은 실제 일어난 상황을 사실적으로 기록한 것이기 때문에 상징이나 비유가 아닌 역사적 사건으로 읽어야 합니다. 서사적 본문을 이해하기 위해 고려해야 할 것은 다음과 같습니다.

1) 본문에 기록된 중심 사건은 무엇입니까?

2) 본문에 기록된 사건은 어떤 순서와 과정을 거쳐 전개됩니까?

3) 본문이 사건의 전개 과정 가운데 일부라면 어디에 위치하고 있으며 어떤 역할을 하고 있습니까?

4) 본문의 사건이 발생하게 된 역사적인 배경은 무엇입니까?

5) 본문의 사건이 일어나게 된 원인과 계기는 무엇입니까?

6) 본문의 사건이 가져온 결과는 무엇입니까?

3. 교훈(敎訓, Didactic Text)

성경에 등장하는 교훈적인 글은 내용 면에서 훈계와 조언, 금지와 같은 종교적, 교리적, 윤리적 가르침을 포함하고 있으며 외형적으로는 직접적인 지시 및 전달, 설교 또는 대화의 형태를 띠고 있습니다. 잠언, 전도서, 복음서의 일부가 교훈의 범주에 속하는 책이라고 할 수 있습니다. 교훈적 본문을 이해하기 위해 고려해야 할 것은 다음과 같습니다.

1) 본문에 기록된 중심 교훈은 무엇에 대한 것입니까?

2) 본문의 교훈은 누구로부터 누구를 통해 누구에게 주어진 것입니까?

3) 본문의 교훈은 어떤 형태로 주어졌습니까? (설교, 지시, 대화, 훈계, 비유 등)

4) 본문의 교훈이 주어진 배경은 무엇입니까? (역사, 지리, 문화적 배경)

5) 본문의 교훈이 주어진 목적은 무엇입니까?

6) 본문의 교훈이 중요한 이유는 무엇입니까?

4. 시가(詩歌, Poetic Text)

시가는 시와 찬양의 형태로 기록되어 있으며 개인적인 찬양과 고백, 기도를 그 내용으로 하는 본문을 말합니다. 실제 일어난 사건에 대한 사실적인 기록이라기보다는 표현하고자 하는 바를 생생한 그림(이미지)으로 표현하는 것이 전형적인 특징입니다. 시편, 아가서 등이 시가의 범주에 속하는데 이러한 본문을 읽을 때 고려해야 할 것은 다음과 같습니다.

1) 본문은 누구의 시(노래)입니까?

2) 본문은 무엇에 대해 노래합니까?

3) 본문에 사용된 문학적 기교나 상징이 있다면 무엇입니까?

4) 본문의 배경이 된 사건이 있다면 무엇입니까?

5) 본문에 나오는 시(노래)를 통해서 작가가 전달하고자 하는 것이 있다면 무엇입니까?

5. 묵시(默示, Apocalyptic Text)

묵시는 예언(Prophecy)과 계시(Revelation)가 담긴 본문을 말합니다. 구약의 예언서(선지서)와 신약의 요한계시록이 묵시의 범주에 속합니다. 이러한 본문을 읽을 때 고려해야 할 것은 다음과 같습니다.

1) 본문은 누구를 통해 누구에게 계시된 내용입니까?

2) 본문은 어떤 역사적 배경을 가지고 있습니까?

3) 본문의 주요한 내용은 무엇입니까?

4) 본문에 사용된 상징이나 비유 등이 있다면 무엇입니까?

5) 본문에 사용된 상징(혹은 비유) 등의 의미는 본문 속에서 어떻게 설명되어 있습니까?

6) 본문을 통해 전달하고자 하는 메시지는 무엇입니까?

6. 서신(書信, Epistle Text)

신약성경 가운데는 사도들이 교회와 공동체에 쓴 편지들이 포함되어 있는데, 이처럼 구약성경에 없는 독특한 양식이 바로 서신입니다. 서신서는 교회의 문제와 질문에 대한 교훈과 가르침뿐 아니라 개인적인 상황에 대한 설명과 부탁, 당부, 기도 등이 포함되어 있습니다. 이러한 본문을 이해하기 위해 고려해야 할 것은 다음과 같습니다.

1) 본문은 누가 누구에게 쓴 서신입니까?
2) 본문의 편지를 쓰게 된 이유 혹은 배경은 무엇입니까? (역사적 상황, 교회의 문제, 질문 등)
3) 본문이 다루는 주요한 내용은 무엇입니까?
4) 본문은 어떤 성격을 지니고 있습니까? (교훈 및 훈계, 부탁, 기도 등)
5) 본문을 통해 전달하려는 메시지는 무엇입니까?

성경 본문이 지닌 특징을 이해하는 것은 본문 읽기의 방법과 직접적으로 연관이 있으며 본문을 해석하는 데 있어서도 빼놓을 수 없는 주요한 참고 사항 중 하나입니다.

바른 읽기와 본문 이해를 위한 연습

1. 창세기 29장 15~30절

❖ 본문을 읽으십시오.

❖ 문학적 특성을 고려할 때 이 본문은 어떤 범주에 속합니까? 이러한 본문을 읽을 때 고려해야 할 점을 참고해 본문을 읽으십시오.

❖ 본문의 내용을 요약해서 설명해 보십시오.

이 본문은 형 에서를 피해 외삼촌 라반의 집을 찾아간 야곱이 어떤 과정을 거쳐 누구와 결혼하게 되었는지를 다루고 있습니다.

❖ 야곱의 결혼 이야기를 다루는 본문의 내용 중 주목해서 읽을 부분이 있다면 무엇인지 나누어 보십시오.

본문의 내용 가운데 등장하는 사건(계약과 계약의 불이행, 결혼을 위한 재계약 등)은 누가 어떤 시각으로 읽든 변할 수 없는 부분입니다. 하지만 결혼을 둘러싸고 야곱과 라반 사이에 벌어진 일련의 사건은 본문 속에 등장하는 인물들의 입장에 따라 각각 다르게 이해될 수 있습니다.

❖ 야곱의 입장과 라반의 입장에서 각각 본문의 이야기를 설명해 보십시오.

❖ 레아의 입장와 라헬의 입장에서 각각 본문의 이야기를 설명해 보십시오.

❖ 네 명의 각기 다른 등장인물의 입장에서 본문의 이야기를 읽을 때 그 내용이 어떻게 달라질 수 있는지 차이를 설명해 보십시오.

야곱의 입장에서 본문을 읽는다면 '포기하지 않는 사랑'에 대한 이야기로 읽을 수 있습니다. 하지만 레아의 입장에서는 동일한 본문의 내용이 '아버지의 사랑'에 대한 이야기로 읽힐 수 있을 것입니다.

이처럼 읽기는 본문이 의미하는 바를 이해하는 해석으로 연결되는 중요한 과정입니다. 본문의 내용은 누구에게나 동일해야 하고, 동일한 내용은 당연히 동일한 의미로 해석되어야 합니다. 이처럼 본문의 내용과 내용이 의미하는 바는 달라질 수 없습니다. 그러나 개인적으로 어떤 부분에 주목해서 읽었느냐 또는 누구의 입장에서 읽었느냐에 따라 본문의 이야기는 독자에 따라 다르게 읽힐 수 있습니다. 그리고 본문을 어떻게 읽느냐에 따라 각자에게 본문이 주는 의미는 달라질 수밖에 없습니다.

❖ 본문의 내용 가운데서 개인적으로 주목하여 읽은 부분이 있다면 어디입니까? 개인적으로 누구의 입장에서 본문을 읽었습니까? 그렇게 읽게 된 특별한 이유가 있습니까?

누구의 입장에서 어떤 부분을 주목해서 읽느냐 하는 것에는 정해진 답이 없으며 이는 전적으로 본문을 읽는 사람에게 달린 문제입니다. 그렇다고 해서 본문을 읽는 사람이 누구의 입장에서 어떤 부분을 주목해서 읽을지를 결정할 수 있다거나 결정해도 된다는 의미는 아닙니다. 본문을 읽을 때 이를 결정하는 것은 내가 아니라 성령입니다. 천천히 본문을 읽어 가며 성령의 감동과 인도하심을 따르십시오.

2. 사사기 7장 1~8절

❖ 본문을 읽으십시오.

본문은 기드온이라는 사사가 이스라엘을 다스리던 때, 미디안과의 전쟁 과정에서 일어난 사건을 다룹니다.

❖ 문학적 특성을 고려할 때 이 본문은 어떤 범주에 속합니까? 이러한 본문을 읽을 때 고려해야 할 점을 참고해 본문을 읽으십시오.

❖ 본문의 내용을 요약해서 설명해 보십시오.

본문에는 미디안 족속과의 전투를 위해 모인 이스라엘 백성 가운데서 기드온과 함께 싸울 군대를 선발하는 과정이 기록되어 있습니다. 본문을 다시 한 번 천천히 읽은 후 다음의 질문에 답해 보십시오.

❖ 미디안 족속과 싸우기 위해서 모였던 이스라엘 백성의 수는 모두 몇 명이었습니까?(3절)

❖ 하나님이 기드온과 함께했던 이스라엘 백성 중 2만 2,000명을 돌려보내신 이유가 무엇입니까?(2절)

❖ 돌아가고 남은 이스라엘 백성의 수는 1만 명이었습니다. 하나님은 남은 백성의 숫자에 대해 어떻게 말씀하셨습니까?(4절)

❖ 하나님은 남은 1만 명의 백성을 다시 두 그룹으로 나누라고 명령하십니다. 그 이유는 무엇입니까?(2절)

❖ 이스라엘 백성을 두 그룹으로 나눈 기준은 각각 무엇입니까?(5절)

❖ 하나님이 기드온의 군대로 선발한 300명은 어떤 그룹에 속한 사람들이었습니까?(6~7절)

❖ 기드온의 군대로 선발된 300명이 선발되지 못한 다른 사람과 구별되는 특별한 이유가 있다면 무엇입니까?

본문에는 기드온의 군대로 선발된 300명의 사람들이 물을 핥아서 마셨다는 것 이외에는 다른 사람과 구별되는 다른 어떤 이유도 기록하지 않았습니다. 300명의 사람들이 기드온의 군대로 뽑힌 이유는 이들이 다른 사람들보다 특별히 뛰어나서가 아니라 개울에서 물을 마신 두 부류의 사람들 가운데 단지 적은 숫자에 속해 있었기 때문입니다. 이 본문에는 300명의 사람들이 기드온의 군대로 뽑힌 기준과 이유가 분명히 나타나 있습니다. 이들이 선발된 이유를 본문의 해석이 아닌 읽기를 통해서 알 수 있다는 의미입니다.

본문에는 이들이 선발된 이유뿐 아니라 이들이 미디안을 상대로 승리를 거둘 수 있었던 이유까지 기록되어 있습니다. 300명밖에 되지 않는 소수의 사람이 무려 13만 명에 이르는 미디안 군대를 물리쳤다는 것은 놀라운 사건입니다. 하지만 본문은 이들의 승리가 그들의 특별한 능력 때문이 아니라 이들을 사용하신 하나님의 능력 때문이었다는 사실을 분명하게 기록하고 있습니다. 인생에 주어지는 모든 승리는 하나님의 은혜로만 가능하다는 것이 바로 본문이 전하려는 메시지입니다. 본문 읽기에 소홀한 채 성급하게 본문을 해석하려고 하지 마십시오. 많은 경우, 본문을 제대로 읽는 것만으로도 본문이 무엇을 이야기하려는지 이해할 수 있습니다.

3. 예레미야 17장 5~8절

성경에는 많은 비유와 상징이 등장합니다. 비유와 상징은 말하고자 하는 바를 직접적으로 전달하지 않고 간접적으로 전달할 때 사용됩니다. 성경에 등장하는 비유와 상징은 말하는 사람과 듣는 사람이 비유와 상징의 의미를 공유할 때에만 이해할 수 있습니다. 따라서 이러한 본문의 내용을 제대로 이해하려면 읽기의 과정에서 비유와 상징이 표현하거나 말하려는 것이 무엇인지 먼저 이해해야 합니다.

❖ 본문을 읽으십시오.

❖ 본문의 내용을 설명해 보십시오.

❖ 본문에 등장하는 두 종류의 나무는 각각 어떤 나무입니까?

❖ 두 종류의 나무는 각각 어떤 사람들에 대한 비유입니까?

성경이 두 종류의 나무를 구분하는 기준은 나무의 종류나 형태가 아니라 땅에 있습니다. 어떤 땅에 뿌리를 내리고 있느냐에 따라 나무를 구분합니다. 나무를 구분하는 성경의 기준은 세상 사람들을 둘로 구분하는 기준이 무엇인지를 보여 줍니다.

❖ 사람마다 사람을 구분하는 기준이 다릅니다. 개인적으로 사람을 어떠한 기준으로 구분하는지 나누어 보십시오.

❖ 하나님이 사람을 구분하시는 기준은 무엇입니까?

본문에 등장한 두 종류의 나무처럼 세상 사람도 어디에 뿌리를 둔 인생인가, 누구를 의지하는 인생인가에 따라 둘로 구분됩니다.

❖ 8절을 다시 읽으십시오.

❖ 8절은 나무에게 땅이 중요한 이유를 어떻게 설명합니까?

제때 비가 오고 물이 넉넉할 때는 어떤 땅에 뿌리를 내리고 있든지 별로 중요하지 않습니다. 하지만 인생에는 늘 그런 시절만 있는 것이 아닙니다. 때로는 가뭄과 더위가 찾아올 때가 있습니다. 이때 나무의 생존을 결정하는 중요한 역할을 하는 것이 땅입니다. 실제로 나무의 생존을 결정하는 것은 언제나 나무와 땅의 관계에 있지만 가뭄과 더위가 닥친 후에야 이 사실을 알게 됩니다. 8절은 인생에 찾아오는 고난을 가뭄과 더위에 비유합니다. 물가에 심긴 나무라고 해서 가뭄과 더위를 피할 수는 없습니다. 즉, 하나님을 의지하는 자에게도 고난이 있다는 것입니다.

❖ 8절은 물가에 심긴 나무처럼 하나님을 의지하고 하나님께 뿌리 내린 인생이 누리는 축복에 대해 어떻게 설명합니까?

하나님을 의지하는 자는 고난을 통해 자신이 어디에 뿌리를 내린 인생인지 확인할 수 있으며, 가뭄 속에서 물의 근원을 향해 깊이 뿌리내리는 나무처럼 생명의 근원이신 하나님을 더욱 굳게 의지합니다. 이것이 하나님을 의지하는 자의 축복이며 그래서 하나님을 의지하는 자에게 주어지는 모든 것은 축복일 수밖에 없습니다.

예수님은 왜 사람들에게 비유로 말씀하시는지 묻는 제자들에게 "내가 그들에게 비유로 말하는 것은 그들이 보아도 보지 못하며 들어도 듣지 못하며 깨닫지 못함이니라"(마 13:13)라고 대답하셨습니다. 그리고 사람들이 보고 들어도 이해할 수 없는 이유를 '완악한 마음' 때문이라고 설명하셨습니다(마 13:15). 듣는 사람들이 말씀을 이해하지 못하는 이유는 그들이 말씀을 근거로 자신을 돌아보지 않고 거꾸로 자신의 경험과 지식, 전통과 같은 굳은 생각 안에서 말씀을 이해하려고 하기 때문이라는 지적입니다.

주님이 지적하신 것처럼 비유와 상징이 지닌 난해함보다는 말씀을 대하는 마음의 상태에 문제가 있지는 않은지 점검할 필요가 있습니다. 비유와 상징을 이해하기 위해 해석의 과정이 필요한 것은 사실이지만 열린 마음으로 본문을 읽는 것이 먼저입니다. 눈과 귀를 열고 말씀을 대할 수 있도록 성령의 도움을 구하며 본문과 그 앞뒤 문맥을 읽는다면 비유와 상징이 의미하는 바를 충분히 이해할 수 있을 것입니다.

잘못된 본문 읽기

큐티에 있어 읽기의 중요성은 아무리 강조해도 지나치지 않습니다. 본문을 제대로 읽기 위해 본문을 읽을 때 흔히 범하기 쉬운 잘못된 읽기의 실례들을 살펴보겠습니다.

1. 틀리게 읽기

본문을 읽을 때 흔히 범하는 실수 중 하나는 본문 자체를 틀리게 읽는 것입니다.

❖ 디모데전서 6장 10절을 읽으십시오.

❖ '돈을 사랑함이 일만 악의 뿌리'라고 한 본문을 '돈이 일만 악의 뿌리'라고 읽는다면 본문을 이해하는 데 어떤 차이가 생길지 나누어 보십시오.

본문은 돈이나 돈을 소유하는 것에 대해 부정적으로 이야기하지 않습니다. 본문이 문제 삼는 것은 돈에 대한 잘못된 태도입니다. 따라서 이 본문을 제대로 읽은 사람이라면 돈(물질)에 대한 자신의 태도를 점검하게 될 것입니다. 하지만 이 본문을 '돈이 일만 악의 뿌리'라고 틀리게 읽었다면 돈 자체를 부정적으로 여기게 될 것이며 결국 이러한 잘못된 읽기는 잘못된 묵상과 적용으로 이어지게 됩니다.

2. 추측하며 읽기

본문을 읽으며 사람들이 흔히 범하는 또 다른 실수는 추측하며 본문을 읽는 것입니다.

❖ 마태복음 5장 13절을 읽으십시오.

❖ 예수님은 그리스도의 제자를 '세상의 소금'이라고 말씀하셨습니다. 단지 '소금'이라고 말씀하신 것과 '세상의 소금'이라고 말씀하신 것에는 어떤 차이가 있는지 설명해 보십시오.

'세상의 소금'은 그리스도의 제자들이 세상의 일부가 아닌 세상과 분명히 구별된 존재라는 의미인 동시에 세상 속에 존재할 때만 가치를 지닌 자들이라는 의미를 담은 비유입니다.

세상의 소금이 되는 일은 고통스러운 일입니다(마 5:11~12). 또한 세상의 소금이 되는 일은 위험한 일이기도 합니다.

❖ 본문은 그리스도의 제자들이 '세상의 소금'으로 살 때 어떤 위험이 따를 것이라고 합니까?

❖ 소금이 맛을 잃는다는 것은 무엇을 비유하는 것일까요?

'세상의 소금'이라는 비유를 맛을 낸다든지 부패를 방지하는 것과 같은 소금의 역할과 관련지어 이해할 수는 있습니다. 하지만 본문을 읽으며 주목해야 할 점은 본문이 소금의 역할에 대해서 아무런 언급도 하지 않았다는 것입니다. 본문은 예수님이 제자들을 '소금'에 비유하신 이유에 대해 소금의 역할이 아니라 소금의 본질과 연관해 설명합니다. 제자들이 소금의 역할을 감당해야 하기 때문이 아니라 한 번 맛을 잃어버리면 다시는 그 맛을 낼 수 없는 소금처럼 제자로서의 삶 또한 그러하다는 것입니다. 예수님은 비유를 통해 세상의 소금과 같이 세상을 변화시키지 못하면 세상의 영향 아래서 스스로 변질될 수밖에 없는 것이 제자임을 가르치고자 하셨던 것입니다.

마태복음 5장 13절은 자칫하면 '소금의 본질'에 대한 이야기가 아니라 '소금의 역할'에 대한 이야기로 읽기 쉽습니다. 이러한 현상이 나타나는 이유는 자신이 이미 가지고 있는 성경에 대한 지식이나 이해를 바탕으로 본문을 읽으려고 하는 경향 때문입니다.

이러한 본문 읽기가 위험한 이유는 본문을 통해 자신을 점검하고 평가하는 건강한 묵상과 적용보다는 자신의 생각에 본문을 끼워 맞추는 식으로 큐티가 흘러갈 수 있기 때문입니다. 보고 싶은 것이 아니라 봐야 할 것을 볼 수 있어야 합니다. 이를 위해 말씀을 조급하게 읽고 해석하려 하거나 자신이 가진 틀 안에서 추측하며 읽는 것을 경계해야 합니다.

3. 부분적으로 읽기

본문을 읽을 때 나타나는 가장 흔한 실수 중 하나가 문맥을 간과한 채 본문의 일부를 떼어서 읽는 것입니다. 이러한 읽기는 본문을 틀리게 읽는 것은 아니지만 본문을 자의적으로 이해하고 해석하는 결과를 가져온다는 점에서 경계해야 할 잘못된 읽기의 태도입니다.

❖ 요한복음 15장 7절을 읽으십시오.

❖ 본문에서 주목해서 읽은 부분이 있다면 어디인지 나누어 보십시오.

본문은 '무엇이든지 원하는 대로 구하면 이루어질 것'이라고 약속합니다. 그러나 이 말씀은 모든 자의 기도를 들으시겠다는 약속은 아닙니다. 기도의 응답은 '그리스도 안에 거하는 자'에게만 유효한 약속입니다. 그리스도 안에 있고 그리스도의 말씀이 그 안에 거하는 사람이 무엇을 기도하겠습니까? 그리스도의 뜻을 따라 그리스도의 뜻이 이루어지길 기도할 것입니다. 이런 기도가 응답받는 것은 당연합니다.

❖ 말씀을 따라 기도했음에도 불구하고 응답받지 못한 기도가 있었다면 무엇인지, 또한 응답받지 못한 이유는 무엇인지 나누어 보십시오.

예수님의 약속이 거짓이 아니라면 기도한 대로 응답을 받아야 합니다. 하지만 기도의 응답은 예수님과의 온전한 연합의 결과입니다. 말씀을 따라 기도했음에도 불구하고 응답받지 못한 기도가 있다면 예수님과의 관계가 건강한지 점검해 볼 필요가 있습니다.

❖ 예수님과의 건강한 관계라는 관점에서 각자의 기도를 점검해 보십시오.

말씀을 읽는 사람에 따라 말씀에서 주목하는 부분은 다를 수밖에 없습니다. 하지만 이것은 말씀의 일부를 떼어서 읽는다는 의미가 아닙니다. 말씀의 흐름과 맥락을 존중하며 자신이 주목해서 읽은 부분이 그 맥락 속에서 어떤 의미를 지니는지 이해하는 것이 중요합니다.

❖ 본문을 제대로 읽기 위해서 자신이 보완해야 할 점이 있다면 무엇인지 나누어 보십시오.

여섯 번째 만남을 통해 다양한 본문을 바르게 읽는 것을 실습했습니다. 여섯 번째 만남에서 배운 것들을 다음 질문을 통해 다시 한 번 점검해 보십시오.

1. 본문이 지닌 다양한 특징에 따라 본문을 어떻게 읽어야 하는지 나누어 보십시오.
2. 읽기를 실습하며 어려운 점이 있었다면 무엇이었는지 나누어 보십시오.
3. 자신에게서 발견할 수 있는 잘못된 읽기의 습관이 있다면 무엇인지 나누어 보십시오.

【 과제 】
1. 여섯 번째 만남에서 공부한 내용을 복습하십시오.
2. 일곱 번째 만남을 예습하십시오.
3. 읽기를 실습하며 배운 것을 유념해 매일 「생명의 삶」을 읽으십시오.
4. 매일의 큐티 본문 내용을 큐티 노트에 요약하십시오.

인생은 물음이다.

인생이라는 숙제를 풀기 위해 사람들은 묻고 또 묻는다. 주님의 십자가 사건 후 고향으로 돌아가 하염없이 그물을 던지고도 빈 손이었던 한 어부는 하늘의 음성을 들었다. "요한의 아들 시몬 아 네가 나를 사랑하느냐?"(요 21장 참조) 하늘의 음성을 들었던 그 어부는 자신의 손에 쥔 그물을 내려놓고 스스로 그물이 되어 세상의 바다에 자신을 던졌다.

헤아릴 수 없는 물음을 가지고 인생의 광야와 바다로 간 사람들은 그곳에서 자신을 향한 하늘의 물음을 듣고, 자신이 듣게 된 물음을 품고, 인생의 광야와 바다를 건너간다. 하늘의 물음을 품은 사람이 어찌 예전과 같은 삶을 살 수 있을까? 인생의 물음으로 나아갔다가 하늘의 물음을 다시 품고 자신이 가야 할 인생의 길로 돌아오는 것, 큐티를 통해 날마다 경험하게 되는 은혜가 이런 것 아닐까?

본문 : 요한복음 13장 36절~14장 31절

이 본문에는 예수님과 네 명의 제자들 간에 이루어진 대화가 기록되어 있습니다.

유월절 만찬이 끝나고 예수님은 제자들에게 자신이 떠나야 할 것을 말씀하셨습니다(13:33). 예수님의 말씀은 제자들의 질문을 불러왔고, 이 본문 내용은 제자들의 질문과 이에 대한 예수님의 답변입니다. 네 명의 제자들이 예수님께 질문한 내용은 달랐지만 각각의 질문은 서로 고리처럼 연결되어 있습니다. 그래서 본문의 내용을 이해하기 위해서는 각각의 대화가 다루는 내용과 함께 대화들이 어떻게 연결되어 있는지 흐름을 읽을 필요가 있습니다.

❖ 먼저 13장 36절~14장 7절을 읽으십시오.

❖ 위의 구절을 내용에 따라 둘로 나누어 각각의 내용을 설명해 보십시오.

네 명의 제자 중 가장 먼저 예수님께 질문했던 제자는 베드로입니다. 베드로의 질문과 예수님의 답변(13:36~14:3)을 다시 한 번 천천히 읽은 후 다음의 질문에 답해 보십시오.

❖ 베드로가 예수님에게 질문한 내용은 무엇입니까?

❖ 베드로의 질문에 대해 예수님은 두 가지의 답변을 하셨습니다. 13장 36절과 14장 1~3절을 참고해서 예수님의 두 가지 답변이 무엇인지 설명해 보십시오.

베드로의 질문에 대한 예수님의 직접적인 답변은 14장 1~3절에 나옵니다. 주님이 가시는 곳을 묻는 베드로에게 예수님은 '내 아버지의 집', 즉 아버지가 계신 곳으로 간다고 대답해 주셨습니다. 하지만 그 대답을 하시기 전에 베드로에게 "내가 가는 곳에 네가 지금은 따라올 수 없으나 후에는 따라오리라"(13:36)라고 말씀하셨습니다. 이 말씀이 중요한 이유는 단지 '넌 아직 때가 되지 않았다'라는 의미가 아니라 '넌 아직 내가 가는 그곳(아버지가 계신 곳, 천국)에 갈 수 있는 준비가 되어 있지 않다'라는 의미이기 때문입니다. 예수님의 말씀을 이렇게 해석할 수 있는 이유는 이어지는 13장 37~38절의 말씀 때문입니다.

❖ 13장 37~38절을 다시 읽으십시오.

❖ "네가 지금은 따라올 수 없다"라는 예수님의 답변에 대해 베드로는 어떻게 반응했습니까?

예수님은 목숨을 바쳐서라도 따르겠다고 장담하는 베드로에게 오히려 세 번이나 예수님을 부인할 것이라고 말씀하십니다. 베드로는 열심과 헌신이 있는 제자였지만 천국은 열심과 헌신만으로는 갈 수 없는 곳입니다. 예수님은 베드로가 지금 예수님을 따를 수 없는 이유가 '예수님에 대한 부인' 때문이라고 말씀하십니다.

❖ '예수님에 대한 부인'이 지금 예수님을 따를 수 없는 이유라면 베드로가 예수님을 따르기 위해 필요한 것은 무엇입니까?

"누구든지 나를 따라오려거든 자기를 부인하고 자기 십자가를 지고 나를 따를 것이니라"(막 8:34).

마가복음 8장 34절은 베드로가 아직 예수님을 따라갈 수 없는 이유에 대해 잘 말해 줍니다. 베드로가 예수님을 부인할 수밖에 없었던 이유는 자기에 대한 부인이 없었기 때문이며 이것이 지금은 베드로가 예수님을 따를 수 없는 이유였습니다. 천국에 가기 위해 요구되는 것 역시 베드로가 자랑한 열심과 헌신이 아니라 예수님이 말씀하신 자기에 대한 부인입니다.

베드로에 이어 두 번째로 예수님께 질문한 제자는 도마입니다. 도마는 길에 대해 물었고 주님은 자신이 길이라고 대답하셨습니다.

❖ 14장 4~7절을 다시 읽으십시오.

본문을 읽다 보면 예수님이 제자들과의 대화를 이끌어 가신다는 사실과 대화에 일정한 흐름과 방향이 있다는 것을 알 수 있습니다. 이런 흐름과 방향에 유의해 각각의 대화가 다루는 내용을 읽으십시오. 4절은 베드로의 질문과 도마의 질문을 연결하는 고리 역할을 하는 구절로서 도마가 예수님께 질문하게 된 계기를 제공합니다.

❖ 도마가 예수님께 질문한 내용은 무엇이며 이 질문을 하게 된 계기는 무엇입니까?

예수님은 "내가 어디로 가는지 그 길을 너희가 아느니라"라고 하셨지만 도마는 예수님의 대답에 부정적으로 반응합니다. 누가 옳은 것일까요? 제자들은 예수님의 말씀처럼 그 길을 알고 있을까요 아니면 도마가 이야기한 것처럼 모르고 있을까요? 6절 말씀이 이 질문에 대해 답해 줍니다.

❖ 도마 역시 길이 되시는 예수님을 알고 있습니다. 그럼에도 도마가 예수님에

게 자신들이 그 길을 어떻게 알겠냐고 질문한 이유는 무엇일까요? 14장 6절을 참고해서 답해 보십시오.

제자들은 이미 예수님을 알고 있는 사람들이었습니다. 예수님은 자신이 아버지에게로 가는 길이라고 말씀하십니다. 그러므로 예수님을 아는 제자들은 이미 아버지에게로 가는 길을 아는 셈입니다. 이것이 예수님이 "그 길을 너희가 아느니라"라고 말씀하신 이유입니다.

하지만 예수님을 잘 알고 있었음에도 도마를 비롯한 제자들이 몰랐던 것은 예수님이 바로 그들이 찾는 길이라는 사실이었습니다. 제자들은 주님을 알되 영적으로 알지 못하고 육적으로만 알았기 때문입니다.

7절에 '너희가 나를 알았더라면'이라는 주님의 말씀은 제자들이 주님을 제대로 알지 못하는 영적인 무지 상태에 있음을 분명히 지적하며 주님을 영적으로 알아야 할 필요가 있음을 드러냅니다. 주님과 늘 동행하면서도 제자들은 영적인 진리에 대해 무지했습니다. 제자들이 주님의 말씀을 이해하기 힘들었던 이유는 이러한 영적인 무지 때문이었습니다. 베드로의 문제가 자기 부인이 없었던 것이었다면 도마의 문제는 영적인 무지에 있었습니다.

예수님이 "내가 곧 길이요"라고 말씀해 주셨기 때문에 제자들은 비로소 자신이 알고 있는 예수님이 자신들이 찾는 길이라는 사실을 알게 되었습니다. 예수님이 길이라는 사실을 모른다면 제자들은 끊임없이 예수님이 아닌 다른 길을 찾아 헤맸을 것입니다. 예수님과 제자들의 대화는 제자들이 알고자 하는 것과 알아야 할 것의 차이가 무엇인지 잘 보여 줍니다.

❖ 14장 8~21절을 읽으십시오.

예수님께 질문한 세 번째 제자는 빌립이었습니다. 도마의 경우와 마찬가지로 빌립의 질문 역시 도마의 질문에 대한 예수님의 대답에서 비롯되었습니다. 7절은 도마의 질문과 빌립의 질문을 연결하는 고리 역할을 하는 구절로서 빌립이 예수님께 질문하게 된 계기를 제공합니다.

❖ 빌립이 예수님께 질문한 내용은 무엇이며 빌립이 이런 질문을 하게 된 계기는 무엇입니까?

주님은 도마의 질문에 답하시면서 제자들의 영적인 무지를 지적하셨습니다. 그리고 영적인 무지에서 벗어나 주님을 알게 될 때 주님을 통해 하나님을 알고 보게 될 것이라고 말씀하셨습니다. 영적인 눈을 뜨고 주님을 바라보면 그들이 보고 있는 것이 무엇인지 알게 된다는 말씀입니다.

주님은 제자들이 하나님을 보았다고 말씀하셨지만 빌립은 주님의 말씀과 상반되는 질문을 합니다. "주여 아버지를 우리에게 보여 주옵소서"(8절). 다시 말해 빌립의 질문은 비록 주님을 보고 있지만 자신들이 무엇을 보고 있는지 모른다는 의미입니다.

❖ 14장 9절을 읽으십시오.

주님의 말씀처럼 제자들은 이미 주님을 통해 하나님을 보았습니다. 문제는 자신들이 알고 있는 주님이 길이라는 사실을 몰랐듯이 자신들이 보고 있는 것이 무엇인지 모르는 데 있었습니다. 왜일까요? 주님이 영적인 눈을 떠야 한다고 말씀하셨지만 영적인 눈이 열리지 않았기 때문입니다. 그렇다면 무엇이 문제이며 어떻게 영적인 눈이 열릴 수 있을까요?

❖ 14장 10~11절을 읽으십시오.

주님이 지적하신 제자들의 문제는 믿음이었습니다. 믿음으로 주님을 바라봐야 하는데 먼저 이해하려고 하기 때문에 보이지 않는 것입니다. 우리는 이해하면 믿을 수 있을 것이라고 생각합니다. 주님은 상식과 이해를 무시하지 않으십니다. 하지만 믿음이 먼저라고 이야기하십니다. 이해함으로 믿음에 이르는 것이 아니라 믿음을 통해 이해할 수 있는 것이 영적인 세계입니다. 주님이 제자들의 믿음을 언급하신 이유가 여기에 있으며 믿음이야말로 영적인 눈을 여는 열쇠입니다.

아버지가 계신 곳에 이르기 위해서는 길 되신 주님을 알아야 하고 주님을 알기 위해서는 영적인 눈이 열려야 합니다. 그리고 영적인 눈은 믿음으로만 열릴 수 있는 것입니다.

❖ 14장 12절을 읽으십시오.

주님은 믿음이 우리의 삶을 영적으로 해석하게 할 뿐만 아니라 영적인 큰일을 감당하게 한다고 말씀하십니다. 우리가 주님의 일을 감당하지 못하는 이유 역시 능력이 아닌 믿음의 부재에서 비롯됩니다.

누가복음 1장에는 사가랴에게 천사가 나타나 세례 요한의 탄생을 예고하는 장면이 기록되어 있습니다. 천사 가브리엘은 제사장의 직분을 담당하기 위해 성소에 든 사가랴에게 요한의 탄생을 알려 줍니다. 하지만 사가랴는 이에 대해 부정적인 반응을 보입니다.

"사가랴가 천사에게 이르되 내가 이것을 어떻게 알리요 내가 늙고 아내도 나이가 많으니이다 천사가 대답하여 이르되 나는 하나님 앞에 서 있는 가브리엘이라 이 좋은 소식을 전하여 네게 말하라고 보내심을 받았노라 보라 이 일이 되는 날까지 네가 말 못하는 자가 되어 능히 말을 못하리니 이는 네가 내 말을 믿지 아니함이거니와 때가 이르면 내 말이 이루어지리라 하더라"(눅 1:18~20).

사가랴는 자신과 아내 엘리사벳이 이미 나이 많고 늙어서 자녀가 태어나는 일은 불가능하다고 답변합니다. 천사의 말은 상식적으로 이해할 수 없는 이야기였기에 사가랴의 이러한 답변은 당연한 것이었습니다. 하지만 하나님은 이렇게 답변한 사가랴의 입을 막으셨고 사가랴의 부정적인 태도에 대한 천사의 답변은 사가랴가 지닌 문제가 무엇인지 정확하게 지적해 줍니다.

사가랴는 자신이 하나님의 일을 할 수 없는 이유가 능력의 부족 때문이라고 여겼습니다. 하지만 천사가 지적한 사가랴의 문제는 능력의 부족이 아니라 믿음의 부족에 있었습니다. 주님도 제자들에게 주의 일을 하는 데 필요한 것이 믿음이라고 말씀하십니다.

주님의 말씀을 통해 우리는 영적인 눈을 여는 열쇠가 믿음임을 알게 되었습니다. 그러나 여전히 한 가지 문제가 남아 있습니다. 문제의 원인이 믿음의 부족에 있다는 것은 알았지만 어떻게 믿음에 이를 수 있습니까? 주님은 '믿으라'라고 말씀하셨고, 믿으면 된다는 것도 알고 있습니다. 그러나 문제는 믿고 싶지만 믿어지지 않는다는 딜레마 때문이 아닙니까? 아무리 믿으면 이해할 수 있다지만 이해되지 않는 것을 믿기 힘든 우리이기에 도무지 믿어지지 않는 문제를 어떻게 해결해야 합니까? 어떻게 해야 영적인 눈을 여는 믿음에 이를 수 있습니까?

❖ 14장 13~14절을 읽으십시오.

"너희가 내 이름으로 무엇을 구하든지 내가 행하리니." 주님은 우리가 어떻게 영적인 눈을 여는 믿음에 이르게 되는지 구체적으로 말씀하십니다. 바로 기도를 통해서입니다. 그렇다면 어떻게 기도가 믿음에 이르게 하는 열쇠라고 할 수 있습니까? 기도에 대한 주님의 말씀은 '믿음을 구하라'라는 것이 아니라 '무엇이든지 구하라'라는 것 아닙니까?

일반적으로 13절에 대해 '주님의 이름으로 구하는 것이면 무엇이든지 주실 것이다'라고 이해합니다. 그러나 영어 성경에는 '내 이름으로'라는 부분을 'by my name'이 아니라 'in my name'이라고 기록합니다. 그러므로 이 말씀은 '주님의 이름을 빌어서'가 아니라 '주님 안에서' 구하라는 말씀이며, 우리가 주님 안에서 구하는 것이면 모든 것을 이루어 주시겠다는 말씀으로 이해해야 합니다.

❖ 14장 15절을 읽으십시오.

주님이 제자들에게 주신 계명은 너희가 서로 사랑하라는 것이었습니다. "새 계명을 너희에게 주노니 서로 사랑하라 내가 너희를 사랑한 것같이 너희도 서로 사랑하라"(요 13:34). 14장 15절은 서로를 사랑하라는 새 계명을 지키기 위한 방법은 '주님을 먼저 사랑하는 것'이라고 이야기합니다.

그렇다면 기도에 대한 말씀과 이어지는 사랑에 대한 말씀은 어떤 관련이 있을까요? 사랑은 기도의 태도와 관련되어 있습니다. 기도에 대한 말씀에 이어 사랑을 말씀하신 이유는 우리가 기도할 때 주님에 대한 사랑을 가지고 구해야 함을 보여 주시기 위해서입니다.

주님에 대한 사랑으로 주님 안에서 기도할 때 우리는 주님의 뜻을 이루기 위해 필요한 것을 구할 것입니다. 그리고 우리를 통해 주님의 뜻이 이루어지기를 구할 때 그것이 무엇이든지 이루어질 것이라고 주님은 약속하십니다. 그렇다면 주님 안에서 우리가 구하는 모든 것을 주님은 어떻게 이루실까요? 우리가 기도할 때 어떤 일이 생깁니까?

❖ 14장 16절을 읽으십시오.

우리가 기도할 때 주님은 우리를 위해 아버지께 구할 것이라고 약속하십니다. 그리고 주님의 기도에 대한 응답으로 성령이 오실 것이라고 약속하십니다. 이 말씀은 누가복음에 기록된 기도에 대한 주님의 가르침과 동일한 맥락에서 이해할 수 있습니다.

"너희가 악할지라도 좋은 것을 자식에게 줄 줄 알거든 하물며 너희 하늘 아버지께서 구하는 자에게 성령을 주시지 않겠느냐"(눅 11:13).

우리가 기도할 때 성령이 오실 것이며 주님은 성령이 오셔서 너희와 영원히 함께 있을 것이라고 약속하십니다. 이 말씀은 곧 우리가 성령의 사람이 될 것이라는 약속입니다. 우리가 성령의 사람이 되면 성령이 하시는 일을 경험하게 될 것입니다. 그렇다면 우리가 경험하게 될 성령의 역사는 어떤 일일까요?

❖ 14장 17~20절을 읽으십시오.

주님은 성령에 대해 진리의 영이라고 설명합니다. 성령은 진리에 대해 증언하는 분입니다. 예수님은 자신을 길이요 진리요 생명이라고 말씀하셨습니다. 그래서 성령은 예수님에 대해 증언하는 분입니다.

주님은 우리를 고아와 같이 버려두지 않을 것이라고 약속하십니다. 성령은 우리가 고아가 아니라는 사실과 함께 주님의 재림을 증언하는 분입니다.

빌립은 아버지를 보여 달라고 이야기하지만 예수님은 성령이 오시면 '내가 아버지 안에, 너희가 내 안에, 내가 너희 안에 있는 것'을 알게 된다고 말씀하십니다. 우리는 하나님을 보는 것만으로 족하다고 여기지만 주님이 주시고자 한 것은 우리가 원하고 기대한 것 이상이었습니다. 성령은 주님이 다시 오실 때까지 우리가 주님과 아버지와 하나 됨을 증언하십니다. 성령은 주님의 사랑을 증언하는 분이기도 합니다.

우리가 기도할 때 성령이 오실 것입니다. 그리고 우리는 성령이 함께하는 성령의 사람이 될 것이며 성령의 하시는 일을 통해 믿음에 이르게 될 것입니다. 그래서 기도는 우리로 하여금 믿음에 이르게 하는 열쇠가 됩니다. 믿음은 우리의 영적인 눈을 열어 줄 것이며 주님을 제대로 알게 하는 능력이 됩니다.

❖ 14장 21절을 읽으십시오.

그리고 주님은 제자들을 통해 자신을 나타내실 것입니다. 주님이 성령을 보내신 것처럼 성령을 통해 제자들을 세상에 보내실 것입니다. 아버지를 보고 아버지 안에 거하는 것은 좋은 일입니다. 그러나 아버지를 나타내는 삶을 사는 것은 우리가 감당해야 할 중요한 일입니다.

❖ 14장 22~31절을 읽으십시오.

13장부터 14장까지 기록된 질문은 네 명의 제자들이 각각 자신이 관심을 두는 것에 대한 질문 같아 보이지만 이 대화를 주님이 이끌어 가신다는 점에 주목해야 합니다. 주님은 제자들에게 질문할 화두를 던져 주시며 제자들이 관심을 두어야 하고 알아야 할 진리에 대해 접근하도록 하셨습니다. 이를 통해 십자가를 앞에 두신 주님이 제자들에게 주시고자 했던 삶이 무엇인지, 그러한 삶을 살기 위해 제자들이 극복할 문제는 무엇이며 그들에게 필요한 것은 무엇인지 가르쳐 주셨습니다.

베드로의 문제는 자기 부인이 없었다는 것입니다. 도마의 문제는 영적인 무지였으며 빌립의 문제는 믿음의 부재였습니다. 주님은 제자들과의 대화를 통해 그들이 지닌 문제를 보여 주셨고 이러한 문제들은 제자로서의 삶을 살기 위해 반드시 극복해야 할 문제였습니다.

그리고 14장 22~31절에 등장하는 유다의 질문을 통해 제자들이 주님을 이해하지 못하고 주님을 따를 수 없는 결정적인 이유 하나를 다시 드러내십니다.

❖ 14장 22절을 읽으십시오.

❖ 유다가 예수님께 질문한 내용은 무엇이며 유다가 이런 질문을 하게 된 계기는 무엇입니까?

다른 제자들의 경우와 마찬가지로 유다의 질문 역시 21절에 기록된 주님의 말씀에서 비롯된 것입니다.

❖ 14장 21절을 다시 읽으십시오.

주님은 제자들에게 자신을 나타내실 것이라고 말씀하셨습니다. 유다가 제자들에게만 자신을 나타내시고 세상에는 자신을 나타내지 않으시는 까닭을 물은 이유가 여기에 있습니다. 유다의 질문과 주님의 대답 역시 제자들이 알고자 했던 것이 아니라 제자들이 알아야 하는 것이 무엇인지 보여 주시기 위해 주님이 그들의 눈을 열어 주시는 과정이었습니다. 그렇다면 주님이 제자들에게 알려 주고자 하신 것은 무엇일까요?

주님께 왜 세상에 자신을 나타내지 않으시는지 질문했던 유다의 속마음은 무엇일까요? 유다의 질문을 통해 주님과 함께했던 제자들의 속마음을 엿볼 수 있습니다. 제자들은 주님이 세상에 자신을 드러내실 날을 기대해 왔습니다. 그들은 지금껏 주님이 세상의 왕이 되실 날을 꿈꾸며 그때 자신들이 얻게 될 지위와 영광을 기대하며 주님을 따랐던 사람들이었습니다. 이것이 유다의 질문을 통해 드러난 제자들의 숨은 동기였습니다. 하지만 주님이 제자들에게 주시고자 했던 삶은 제자들이 기대했던 삶이 아니었습니다.

❖ 14장 23~24절을 읽으십시오.

제자들은 주님과 다른 꿈을 꾸고 있었습니다. 제자들의 꿈은 세상에서의 성공이었으며 세상을 다스리는 자가 되는 것이었습니다. 하지만 주님의 꿈은 세상의 왕이 되는 것이 아니었으며 제자들에게 주시려고 했던 삶도 세상을 다스리는 위치에 서는 삶이 아니었습니다.

주님의 꿈은 세상이 아니라 사람을 향해 있습니다. 세상의 주인이 아니라 한 인생의 주인이 되시는 것이 주님의 꿈이었습니다. 그래서 주님이 제자들에게 주시고자 했던 삶은 사랑할 수 있는 자로 사는 것이었습니다. 이것이 우리에게 주어진 인생을 제대로 사는 법이기 때문입니다.

제자들의 문제는 주님이 아닌 세상을 사랑했다는 것입니다. 세상을 다스리는 자로 사는 것이 그들의 꿈이었지만 자신에게 주어진 삶을 제대로 살 수 없는 자가 세상을 다스리는 위치에 선다는 것이 무슨 의미가 있겠습니까?

오늘날 교회에서 많이 등장하는 단어 가운데 하나가 '리더십'입니다. 리더십은 중요한 덕목입니다. 하지만 우리는 얼마나 제대로 리더십을 정의하고 있을까요? 우리가 정의하는 리더십은 성경적인 것일까요?

성경적인 리더십은 위가 아니라 아래를 향합니다. 리더십은 세상의 인정을 받기 위해 필요한 것이 아니라 사람을 제대로 섬기고 살리기 위해 필요한 것입니다. 그래서 교회는 리더를 양육하는 곳이 아니라 섬기는 자인 종을 양육하는 곳입니다. 사랑받고 주목받는 인생이 아니라 사랑하고 섬기는 인생을 사는 것이 자신에게 주어진 인생을 제대로 사는 것임을 가르치는 곳이 교회입니다.

❖ 14장 25~26절을 읽으십시오.

주님이 그들에게 주시고자 했던 삶이 무엇인지에 대해 이미 여러 차례 말씀해 주셨지만 제자들은 아무리 들어도 주님의 말씀을 이해할 수 없었습니다. 그 이유는 그들이 주님과 다른 꿈을 꾸고 있었기 때문이며, 제자들의 질문은 그러한 사실을 분명히 보여 주는 증거였습니다. 제자들의 이런 문제들을 해결하기 위한 주님의 해결책은 성령이었습니다. 성령이 오시면 제자들은 성령의 사람이 되어 자신의 십자가를 지고 주님을 따르게 될 것이며 영적인 무지에서 벗어나 진리의 사람이 될 것입니다. 또한 믿음의 사람이 될 것이며 비전의 사람이 될 것입니다.

❖ 14장 27~28절을 읽으십시오.

제자들에게 예수님은 이제 너희를 떠날 때가 되었다고 말씀하십니다. 그리고 제자들에게 평안에 대해 말씀하십니다. 사실 "세상과 다른 평안을 주고 간다"라는 주님의 말씀이 제자들에게 어떻게 위로가 될 수 있으며 그러한 상황에서 어떻게 평안할 수 있겠습니까? 그러나 주님은 이 말씀을 통해 제자들이 얻고자 했던 평안이 무엇인지 지적하시면서 제자들이 얻어야 할 평안이 무엇인지 가르쳐 주십니다.

제자들은 세상이 주는 평안을 꿈꾸었습니다. 자신들의 꿈을 이루고 그 꿈을 통해 세상에서의 평안을 소망했던 제자들에게 주님은 평안이란 그렇게 얻을 수 있는 것이 아니라고 말씀하십니다. 세상의 평안과 다른 주님의 평안은 꿈을 이루고 노력해서 얻는 것이 아니라 이제 곧 일어날 십자가 사건을 통해 주님으로부터 주어지는 것입니다. 누구나 평안한 삶을 원하지만 평안을 누리지 못하는 이유는 세상 속에서 평안을 구하기 때문입니다. 예수님은 세상이 주는 것과 같지 않은, 세상이 결코 줄 수 없는 평안이 있다고 말씀하십니다. 그 평안은 예수님 안에 있는 평안입니다.

주님과의 이별을 두려워하는 제자들에게 평안을 말씀하신 주님은 계속해서 기쁨에 대해 말씀하십니다. "너희가 나를 사랑한다면 내가 아버지께로 가는 것을 기뻐했을 것이다"(28절 참조). 주님은 제자들이 이별을 기뻐하지 못하고 두려워하는 이유가 사랑에 있다고 지적하십니다. 제자들의 두려움은 주님에 대한 사랑보다는 세상에 대한 사랑으로 채워진 데서 비롯한 것이었습니다.

그런 제자들을 떠나시는 이유에 대해 주님은 '아버지는 나보다 크신 분이기 때문'이라고 말씀하십니다. 아버지는 제자들이 주님을 통해 얻고자 하는 것보다 더욱 큰 것을 주실 것이라는 설명입니다. 이것이 바로 주님이 제자들을 떠나야 했던 이유였습니다. 제자들이 사랑해야 할 것을 사랑할 수 있도록 하시기 위해 그리고 그 사랑을 통해 주님의 평안을 누릴 수 있도록 하시기 위해서입니다. 그렇다면 주님이 제자들을 떠남으로 인해 아버지께서 주실 더욱 큰 것은 무엇일까요?

❖ 14장 29~31절을 읽으십시오.

주님은 십자가에 대해 말씀하십니다. 주님의 떠남으로 인해 아버지께서 주실 것은 십자가를 통해 그들이 누리게 될 평안과 사랑입니다. 십자가를 위해 주님은 그들을 떠나야 하지만 이것은 영원한 이별이 아닙니다. 주님은 제자들에게 다시 올 것이라고 약속하십니다. 이 땅에서 우리가 당하는 환란과 두려움과 근심은 영원하지 않습니다. 지금 당하는 근심과 두려움은 예수님이 오시면 영원한 기쁨으로 변하게 됩니다.

평안은 하나님과의 바른 관계 속에서만 이루어질 수 있습니다. 주님이 십자가를 지셔야 했던 이유가 여기에 있습니다. 하나님과의 바른 관계는 십자가를 통해서만 이루어질 수 있으며 이를 통해서만 주님의 평안을 얻을 수 있기 때문입니다.

예수님이 평안을 말씀하신 시기는 다름 아닌 십자가를 지기 바로 전날 밤이었습니다. 자신이 어떠한 죽음을 당해야 할지 누구보다 더 잘 아셨기에 결코 평안을 말씀하실 수 있는 때가 아니었습니다. 그런데 가장 절망적이고 마음에 풍랑이 일 만한 이때에 예수님은 "내 평안을 너희에게 주노라"라며 평안을 말씀하십니다. 사랑을 가진 자가 사랑을 줄 수 있는 것처럼 평안을 지닌 자만이 평안을 줄 수 있습니다.

예수님에 대한 무지와 오해로 두려움에 떠는 제자들을 예수님은 사랑하셨습니다. 예수님이 떠나겠다고 말씀하신 순간까지도 세상이 주는 평안을 구했던 제자들을 예수님은 사랑하셨습니다. 그리고 그들에게 말씀하십니다. "일어나라 여기를 떠나자"(31절).

오해와 무지, 세상에서 평안을 구하는 데 머물러 있던 제자들에게 이제 이자리를 떠나자고 말씀하십니다. 그 자리를 떠나 예수님이 향하신 곳은 십자가였습니다. 그곳은 지금껏 제자들이 예수님에 대해 가졌던 오해와 무지가 풀리는 자리였습니다. 그리고 세상이 주는 평안과는 다른 예수님만이 줄 수 있는 평안이 강물처럼 흘러나오는 은혜의 자리입니다. 그리고 성령의 능력과 도우심이 임하는 자리입니다.

예수님은 무지와 두려움 가운데 있던 제자들에게 평안을 말씀하신 그 밤처럼 지금도 우리를 평안으로 초청하십니다.

"오해와 무지의 자리에서 일어나 예수님의 참된 모습을 발견하는 십자가의 자리로 나아가자. 세상이 주는 거짓된 평안의 자리에서 일어나라. 그리고 십자가를 통해 하나님과 화목한 자들만이 누릴 수 있는 평안의 자리로 나아가자. 홀로되는 근심과 두려움의 자리에서 이제는 일어나라. 그리고 성령이 이끄시며 동행하시는 능력의 자리로 나아가자."

묵상(1) – 해석의 이해

성경은 살아 있어서 내게 말을 걸며,
발이 있어서 내 뒤를 좇으며, 손이 있어서 나를 꼭 붙든다.
– 마르틴 루터

'하나님이 어떤 분이신지, 나는 누구이며, 나는 하나님 및 다른 사람들과 어떤 관계에 있는지에 대해 성경의 저자(성경 뒤의 세계)와 성경 본문(성경 속의 세계)과 내(성경 앞의 세계)가 만나고 대화하는 것'이 읽기와 묵상 그리고 적용의 핵심입니다. "성경 본문에서 저자가 무엇을 말하고 있는가?" 즉, 성경 속의 세계를 열어 주는 것이 읽기라면 "성경 본문에서 저자가 무엇을 말하려고 하는가?" 즉, 성경 뒤의 세계를 열어 주고 이를 통해 성경 앞의 세계(나)를 비춰 줌으로써 자신과 하나님과의 거리를 좁히는 과정이 묵상입니다. (「성서를 읽는 11가지 방법」, 김재성 外)

묵상의 세 가지 영역 – 해석, 조명, 교제

묵상을 의미하는 영어 단어 'meditation'은 '치료하다'라는 의미를 가진 라틴어 '메디켈루스'(medikelus, medicelus)에서 유래한 단어입니다. 약을 의미하는 '메디슨'(medicine)이라는 단어 역시 '메디켈루스'에서 유래되었습니다. 약이 온 몸에 퍼져 약효를 내는 것처럼 말씀이 내면에 퍼져 가는 것을 묵상이라고 이해할 수 있습니다. 또한 묵상이라는 단어에는 '되새김질'이라는 의미가 있습니다. 음식을 되새김질하며 소화하는 것처럼 묵상은 말씀을 되새기며 자신의 것으로 소화한다는 의미를 지니고 있습니다.

❖ 시편 1편을 읽으십시오.

2절의 '묵상하다'(הָגָה, 하가)라는 단어는 '말하다, 중얼거리다, 계획하다'라는 뜻을 가지고 있습니다. 묵상은 말씀을 작은 소리로 암송하며, 그 뜻을 이해하여 그 말씀이 주는 교훈이 실제 삶 속에 나타나도록 계획하는 것을 의미합니다. 시편 1편은 말씀을 묵상하는 자를 시냇가에 심은 나무에 비유합니다. 시냇가의 나무가 물의 근원에서 끊임없이 물을 공급받듯이 말씀 묵상 역시 영원히 마르지 않는 물과 같은 하나님으로부터 생명과 능력을 공급받는 것임을 나타내는 이 비유는 묵상이라는 단어가 가진 의미를 상징적으로 보여 줍니다.

❖ 시편 1편은 묵상하는 자가 누리는 축복에 대해 어떻게 이야기합니까?

읽기가 말씀의 씨앗이 뿌려지는 과정이라면 묵상은 말씀의 씨앗이 자라나는 과정입니다. 묵상은 말씀의 의미를 구하는 해석의 과정, 말씀의 거울에 자신을 비추어 보는 조명의 과정, 그리고 하나님과의 사귐을 통해 말씀을 품는 교제의 과정으로 나눌 수 있습니다.

말씀이 열리는 해석

1. 정의

읽기가 말씀의 내용과 만나는 과정이라면 해석은 말씀의 의미를 만나는 과정이라고 할 수 있습니다. 본문을 의미하는 '텍스트'(text)라는 단어는 '묶다' 혹은 '짜다'라는 의미를 지닌 라틴어 '텍스투스'(textus)에서 유래되었습니다. 본문을 구성하는 내용 자체는 단순히 어떤 사건이나 현상, 또는 교훈에 대한 기록일 수 있습니다. 하지만 성경에 기록된 모든 본문은 기록된 분명한 이유와 목적이 있습니다. 다시 말하자면 성경의 본문을 구성하는 내용은 무질서하게 나열된 기록의 묶음이 아니며 본문을 기록한 저자의 의도가 반영되도록 묶이고 짜인 결과물이라는 것입니다.

성경의 본문은 성령의 감동을 받은 저자들이 계시된 메시지를 독자들에게 효과적으로 전달하기 위해 취사선택과 구성, 해석의 과정을 거쳐 내어놓은 결과물입니다. 본문의 순서, 표현 양식, 문학적 기교를 선택하는 것도 본문의 내용을 묶는 이 과정 속에 포함됩니다. 해석이란 이처럼 저자의 의도에 따라 묶이고 짜인 본문의 관계를 풀어냄으로써 저자가 전달하고자 했던 메시지에 다가서는 과정이라고 할 수 있습니다.

❖ 사도행전 8장 30~31절을 읽으십시오.

❖ 이 본문이 무엇에 대해 이야기하는지 나누어 보십시오.

이 구절은 해석의 중요성을 잘 보여 줍니다. 말씀을 읽고도 의미를 깨닫지 못한다면 말씀과 상관없는 잘못된 묵상과 적용으로 이어질 수밖에 없습니다.

2. 해석의 과제

성경 본문에 대한 이해가 언제나 일치하는 것은 아닙니다. 하지만 비록 본문의 의미에 대한 견해가 다르다 해도 하나의 본문이 오직 한 가지 의미만을 지닌다는 데에는 모두가 동의할 것입니다. 그런 의미에서 해석은 원래의 저자가 원래의 독자에게 본문을 통해 전달하고자 의도했던 것이 무엇인지 밝히는 과정이어야 합니다. 저자는 자신이 의도한 바를 본문 속에 반영하기 위해 내용을 묶고 짜게 되는데 이 묶음에는 반드시 매듭이 존재합니다. 해석의 과제는 이러한 매듭을 풀어내는 데 있다고 할 수 있습니다. 본문의 내용을 해석하는 과정에서 주목해야 할 매듭에는 다음과 같은 것이 있습니다.

1) 원인

모든 사건에는 그 사건이 일어나게 된 원인이 있습니다. 해석의 첫 번째 과제는 본문에서 하나의 사건을 일으키게 된 원인을 밝히는 데 있습니다.

❖ 창세기 3장 1~8절을 읽으십시오.

❖ 이 본문은 인간의 첫 번째 범죄 사건에 대한 기록입니다. 인간이 죄를 범하게 된 원인에 대해 나누어 보십시오.

2) 계기

창세기 3장에 기록된 첫 번째 범죄의 원인 중 일반적으로 가장 먼저 지목되는 것이 뱀의 유혹입니다. 하지만 뱀의 유혹은 범죄의 원인이 아니라 범죄의 계기입니다. 어떤 사건을 일으키는(또는 변화를 가져오는) 원인은 사건 밖에 존재하지 않고 사건의 한 요소로 존재하며 사건 속에 내재되어 있습니다. 사건 밖에 존재하는 것은 원인이 아니라 계기입니다.

뱀의 유혹은 범죄의 원인이 아니라 계기입니다. 죄의 문제를 해결하기 위해서는 죄의 계기가 된 뱀의 유혹을 막는 것이 아니라 사람의 내면에 존재하는 죄의 원인을 규명해야 합니다.

❖ 인간의 첫 번째 범죄라는 사건의 내면에 존재하는 원인은 무엇일까요?

뱀의 유혹이 아담으로 하여금 죄를 범하게 한 계기가 되었지만 모든 유혹이 반드시 죄라는 결과를 가져오는 것은 아닙니다. 세 번에 걸친 마귀의 유혹을 이기시고 이를 통해 오히려 하나님께 영광을 돌리셨던 예수님의 모습이 그 좋은 예라고 할 수 있습니다. 기억해야 할 것은 원인은 계기가 주어지면 특정한 결과를 가져오지만, 계기는 반드시 특정한 결과를 일으키지 않는다는 것입니다. 인간의 범죄는 뱀의 유혹 때문이 아니라 '하나님과 같이 되고자 했던 인간의 교만'에 그 원인이 있었습니다. 인간의 내면에 교만이 존재하는 한 뱀의 유혹이 없더라도 다른 계기가 주어진다면 반드시 범죄라는 결과를 가져오는 것입니다.

이처럼 사건의 내적 요소인 원인이 사건의 본질적이며 주요한 요소라면, 외적 요소인 계기는 부차적인 요소라고 할 수 있습니다. 원인을 알면 결과를 예측할 수 있으며 결과에 변화를 가져오고자 한다면 원인을 파악하고 해결해야 할 것입니다. 읽기와 해석은 이처럼 어떤 결과를 가져오는 본질적인 요소인 원인을 본문 속에서 파악하는 과정이라고 할 수 있습니다.

3) 조건

본문을 읽을 때 본문의 내용과 함께 본문이 누구에게 주어졌는지(대상), 본문의 배경은 어떠한지 또한 주의 깊게 살펴야 합니다. 본문의 대상과 배경이 중요한 이유는 본문 내용이 지금 이 시대의 독자에게도 동일하게 적용되는 것인지

(일반화할 수 있는지) 아니면 특정한 시대와 상황 속에서 특정한 사람에게만 적용되는 것인지 구분할 필요가 있기 때문입니다. 이를 판단하기 위해 살펴보아야 할 것이 조건입니다. 원인이 사건을 일으키는 동력이라면 조건은 예외 없이 동일한 결과를 낳도록 만드는 환경이라고 할 수 있습니다.

❖ 사도행전 5장 1~11절의 말씀을 읽으십시오.

❖ 아나니아와 삽비라의 죽음을 기록한 본문의 당시 상황(배경)과 오늘날을 비교할 때 고려해야 할 차이점이 있다면 어떤 것인지 나누어 보십시오.

주님을 향한 열심이 있다면 그러한 열심은 적절한 계기를 통해 반드시 헌신으로 이어지게 됩니다. 하지만 모든 열심이 동일한 헌신의 모양으로 드러나는 것은 아닙니다. 동일한 열심이라도 사람과 환경에 따라 달라지는 것이 헌신의 모양입니다. 이처럼 원인이 같아도 다른 결과를 낳는 이유는 각자가 처한 조건이 다르기 때문입니다. 과거에 이러했으니까 지금도 이럴 것이라고 단정할 수 없는 이유, 이 사람에게 이러하니까 저 사람에게도 이럴 것이라고 단정할 수 없는 이유가 여기에 있습니다. 아나니아와 삽비라의 죽음과 같은 사건이 오늘날 모든 사람에게 반드시 동일한 모습으로 일어나지 않는 이유 역시 조건의 차이에서 비롯된 것입니다. 이러한 차이를 무시한 채 원인만으로 결과를 예측하지 않도록 주의해야 합니다. 본문의 배경이 되는 상황을 이해하는 과정에서 우리는 하나님이 왜 그 사람에게 그것을 기록하게 하셨는지 알 수 있으며 그런 후에야 본문 속에 존재하는 원리들을 오늘날에 적용할 수 있을 것입니다. 읽기와 해석은 이처럼 어떤 결과를 가져오는 필수적인 요소인 환경과 조건을 본문에서 파악하는 과정입니다.

4) 결과

모든 사건에는 원인과 결과가 있습니다. 하나의 사건은 변화를 가져옵니다. 변화에는 변화를 일으키는 요인이 있고 이로 인해 일어난 결과가 있습니다. 해석은 본문의 내용에서 변화를 가져온 원인과 결과를 밝히는 과정입니다.

❖ 성경은 인간의 범죄가 가져온 결과에 대해 어떻게 설명합니까?

❖ 사무엘하 11장 1~5절을 읽으십시오.

❖ 본문을 해석하는 과정에서 주목해야 할 다음 네 가지 매듭에 대해 답해 보십시오.
　① 원인
　② 계기
　③ 조건
　④ 결과

3. 해석의 다섯 가지 열쇠

1) 내용

내용과 의미는 직접적인 연관이 있습니다. 특히 본문의 내용 가운데 주목해서 읽어야 할 부분들은 의미와 연결되는 해석의 중요한 기초가 됩니다. ('다섯 번째 만남-본문을 어떻게 읽어야 할까요?' 부분을 참고하십시오.) 내용의 틀을 이루는 본문의 문법적 특성과 문학 양식 역시 본문을 해석할 때 관심을 기울여야 할 주요한 요소입니다.

❖ '다섯 번째 만남-본문을 어떻게 읽어야 할까요?' 부분을 참고해서 본문을 읽을 때 주목해서 읽어야 할 내용이 무엇인지 점검해 보십시오.

2) 문맥

본문에 따라 독립적으로 보면 그 의미가 달라질 수 있는 본문들이 있습니다. 또한 본문의 맥락에 따라 본문에 사용된 단어나 구절들 역시 그 의미가 다르게 사용될 수 있습니다. 그래서 올바른 해석을 위해 살펴야 할 것이 문맥입니다. 문맥과 관련해서 살펴야 할 두 가지 영역은 다음과 같습니다.

① 본문이 속한 책의 전체 주제
② 앞뒤에 위치한 본문과의 관계

❖ 이사야 34장 16절을 읽으십시오.

❖ 이 본문이 이야기하고자 하는 것이 무엇인지 나누어 보십시오.

이 말씀은 '이것들'이 지칭하는 것을 무엇으로 해석하느냐에 따라 본문의 의미가 완전히 달라질 수 있습니다.

❖ 이사야 34장 9~17절을 읽으십시오.

❖ 16절에 기록된 '이것들'이 지칭하는 것은 무엇입니까?

❖ 이사야 34장 9~17절 전체를 읽을 때와 16절만 따로 떼어서 읽을 때 말씀의 의미가 어떻게 달라질 수 있는지 나누어 보십시오.

3) 배경

어떤 시대를 막론하고 말씀의 내용은 달라지지 않습니다. 하지만 시대에 따라 율법에 대한 이해가 달라지는 것처럼 본문이 기록된 배경이 의미를 좌우하는 경우가 있습니다. 올바른 해석을 위해 본문이 어떠한 역사와 문화, 지리적인 배경 속에서 기록된 것인지 살펴볼 필요가 있습니다. 저자와 원래 독자가 처한 상황을 이해하기 위해 성경 사전, 지도, 주석 등을 참고하는 것은 본문이 전하고자 하는 메시지를 왜곡 없이 해석하는 데 도움을 줍니다. 다만 이러한 참고 자료들을 전적으로 의존하여 말씀을 이해하고 해석하려는 태도는 자칫 큐티가 성경 공부로 흐를 위험이 있으므로 경계해야 합니다.

4) 비교

"성경 속에 있는 어떤 것이라도 그것을 이해하기 위해 성경 밖으로 나가야 할 필요가 없다"라고 합니다. 성경이야말로 성경을 가장 정확하게 해석할 수 있는 도구입니다. 본문의 내용 중 부분과 부분, 부분과 전체를 비교하거나 본문과 성경의 다른 본문을 비교함으로써 본문이 의미하는 바를 더욱 분명히 해석할 수 있습니다.

❖ 이사야 61장 1~3절을 읽으십시오.

이 본문은 메시아의 사역에 대해 예언한 말씀입니다.

❖ 누가복음 4장 16~20절을 읽으십시오.

누가복음은 예수님이 이사야서 61장 1~3절에 기록된 예언의 일부만 읽은 채 책을 덮으셨다고 기록합니다.

❖ 이사야서 61장 1~3절과 누가복음 4장 16~20절을 비교해서 읽으십시오.

❖ 이사야의 예언 가운데 예수님이 읽은 부분과 읽지 않은 부분은 무엇입니까?

❖ 예수님이 이사야서의 예언 중 일부만을 읽은 채 책을 덮으신 사실이 무엇을 의미하는지 예수님의 사역과 관련해서 설명해 보십시오.

5) 질문

해석의 과정은 말씀이 나에게 발견되는 과정이라고 할 수 있습니다. 말씀을 발견하는 과정에서 질문은 성경 본문이 말하는 것과 말하고자 하는 것을 이어 주는 고리와 같은 역할을 합니다. 직접적인 교훈보다는 이야기나 논리적인 본문 내용을 명확히 알게 하는 데 주로 사용되는 것이 질문입니다. 또한 질문의 내용은 본문의 성격에 따라, 그리고 개인적으로 주목해서 읽은 내용이 무엇이냐에 따라 달라질 수 있습니다.

질문을 많이 하는 것도 중요하지만 제대로 된 질문을 하는 것이 중요하며, 하나의 질문이라도 두루뭉술하게 넘어가지 않고 제대로 답하는 것이 중요합니다. 하나의 질문에 제대로 답할 수 있을 때 다양한 여러 질문에 제대로 답할 수 있게 됩니다.

4. 해석의 장벽

읽는 사람에 따라 주목해서 읽는 내용은 다를 수 있지만 그 내용이 의미하는 바가 달라질 수는 없습니다. 그럼에도 본문에 대해 다양한 해석이 존재하는 이유는 말씀과 말씀을 읽는 사람 사이에 다양한 장벽이 존재하기 때문입니다.

❖ 말씀과 말씀을 읽는 사람 사이에 어떤 장벽이 존재하는지 나누어 보십시오.

1) 언어

정확한 본문 해석을 위해 넘어야 할 첫 번째 장벽은 언어의 장벽입니다. 성경을 기록한 언어(히브리어, 아람어와 헬라어)는 현재 우리가 사용하는 언어와 다릅니다. 따라서 성경의 본문이 의미하는 바를 제대로 이해하기 위해서는 성경을 기록한 언어에 대한 지식이 필요합니다.

2) 문화

두 번째 장벽은 문화의 장벽입니다. 성경은 우리와 다른 장소, 다른 시대에 살았던 사람이 기록한 책입니다. 따라서 성경을 올바르게 이해하기 위해서는 성경이 기록될 당시의 문화와 역사 그리고 지리에 대한 지식이 필요합니다.

3) 문학적 특성

세 번째 장벽은 문학적 장벽입니다. 성경은 다양한 저자가 다양한 문학적 형태(서사, 시, 강론, 묵시, 서신 등)를 빌려 쓴 책입니다. 올바른 해석을 위해서는 각각의 본문이 지닌 이러한 문학적 특성을 고려할 필요가 있습니다.

4) 인간적인 한계

또 다른 장벽이 있다면 말씀을 읽는 사람이 지닌 인간적인 한계입니다. 사람마다 배움과 경험의 차이가 존재하며 각자가 처한 환경에 따라 말씀에 대한 해석이 달라질 수 있습니다. 말씀을 읽고 해석하는 사람은 해석의 과정에 이러한 장벽이 있음을 먼저 인정해야 합니다.

이처럼 본문 해석을 위해 많은 장벽이 존재하는 것은 사실이지만 그렇다고 해서 이 모든 해석의 장벽을 뛰어넘어야 제대로 큐티할 수 있다는 것은 아닙니다. 이러한 해석의 장벽이 존재함을 이해하는 것만으로도 큐티가 독단적으로 빠지는 것을 방지할 수 있으며 이러한 장벽은 큐티와 함께 성경을 공부하는 다른 훈련 과정들을 통해 점진적으로 극복될 것입니다.

❖ 말씀과 말씀을 읽는 사람 사이에 존재하는 장벽을 해결하기 위한 방법은 무엇인지 나누어 보십시오.

5. 경계해야 할 해석의 태도

1) 왜곡된 해석

말씀이 말하려는 것과 무관하게 자신이 원하는 것을 증명하기 위한 수단으로 말씀을 이용하는 태도입니다. 성경의 부분을 떼어서 연결하는 식의 해석으로, 이단들에게서 쉽게 발견할 수 있습니다.

2) 모순된 해석

왜곡된 해석은 말씀의 내용 자체를 부정하지는 않습니다. 하지만 모순된 해석은 말씀의 의미를 정면으로 거스르는 해석의 태도를 말하며 불신자들에게서 흔히 발견되는 잘못된 해석의 태도입니다.

3) 주관적 해석

말씀을 자신의 입장에서 자의적으로 해석하는 것을 말합니다. 신비주의적으로 해석하거나 문자적으로만 말씀을 해석하는 것이 여기에 해당합니다. 또한 자신에게 익숙한 틀을 가지고 본문을 해석하려는 경향도 피해야 할 함정입니다. 이러한 해석의 태도는 큐티하는 사람이 흔히 빠지기 쉬운 함정이기도 합니다.

❖ 요한계시록 14장 1~5절을 읽고 말씀을 문자적으로만 해석하는 것이 왜 문제가 될 수 있는지 나누어 보십시오.

4) 상대주의적 해석

상황에 따라 말씀을 달리 해석하는 태도를 말합니다. 말씀 가운데는 특정한 상황을 염두에 두고 기록된 말씀이 있습니다. 하지만 그러한 경우에도 성경이 말하는 보편적 진리를 무시한 채 예외를 인정한 것은 아닙니다. 성경의 진리가 시대에 따라 달리 해석되어야 한다는 상대주의적인 해석의 태도는 경험되는 것만을 진리로 인정하려는 잘못된 태도에서 비롯된 것입니다. 이는 자유주의자들의 성경 해석에서 흔히 발견됩니다.

❖ 베드로후서 1장 20~21절과 3장 16절을 읽으십시오.

❖ 위의 본문은 경계해야 할 해석의 태도에 대해 어떻게 이야기합니까?

5) 심리주의적 해석

성경의 본문에 등장하는 인물의 행위와 사건의 배경을 해석할 때 동기와 욕망 등 심리적인 요인을 원인으로 해석하려는 경향이 있습니다. 사람들이 어떠한 행동을 하는 배경을 제대로 이해하기란 오늘날에도 어려운 과제입니다. 해석을 통해 동기와 원인을 파악하는 것은 본문을 이해하는 데 도움을 줄 수 있습니다. 하지만 다른 시대와 다른 문화적인 배경 속에서 살았던 성경 속 인물들의 행동을 심리학적인 기법을 동원해서 이해하려는 시도는 이미 정해진 심리학적 틀에 끼워 맞추는 식의 해석을 가져올 위험이 있음을 기억해야 합니다. 심리학적인 기법을 동원해서 본문을 해석할 경우 당위를 이끌어 낼 수 있을지는 몰라도 이를 올바른 성경 해석 방법이라고 보기는 어렵습니다. 저변의 문제를 추측해서 본문을 이해하기보다는 본문에 기록된 단순한 사실을 붙잡는 것이 올바른 해석을 위한 최선의 방법입니다.

일곱 번째 만남을 통해 묵상과 묵상의 과정 중 첫 번째 단계라고 할 수 있는 해석에 대해 알아보았습니다. 일곱 번째 만남을 통해 배운 것들을 다음 질문을 통해 다시 한 번 점검해 보십시오.

1. 묵상이란 무엇이며 묵상에 포함되는 세 가지 과정은 무엇입니까?
2. 해석의 네 가지 과제는 무엇입니까?
3. 해석을 위한 다섯 가지 열쇠는 각각 무엇입니까?
4. 해석을 위해 넘어야 할 장벽에는 어떤 것이 있습니까?
5. 경계해야 할 해석의 태도는 무엇입니까?

【 과제 】

1. 일곱 번째 만남에서 공부한 내용을 복습하십시오.
2. 여덟 번째 만남을 예습하십시오.
3. 주어진 본문을 매일 큐티하며 본문의 내용과 의미를 큐티 노트에 기록하십시오.

묵상(2) – 조명과 교제의 이해

마음속에 성령을, 손안에 성경을 가지고 있는 사람은
그에게 필요한 모든 것을 소유하고 있다.
– 알렉산더 맥클라렌

인생의 비극은 꿈과 현실이 다른 데서 비롯되는 것이 아니라 꿈꾸는 것(자신의 꿈)과 꿈꿔야 할 것(하나님의 꿈)이 다른 데서 비롯됩니다. 자신이 꿈꾸는 현실을 살고 있음에도 자신의 삶에 만족할 수 없다면 잘못된 꿈을 좇고 있기 때문일 것입니다. 잠언에 기록된 어리석은 인생의 모습은 꿈꿔야 할 것과 실제 삶 속에서 꿈꾸는 것이 다르기 때문에 생기는 필연적인 결과입니다. 하나님의 꿈과 자신의 꿈 사이에 존재하는 거리가 좁혀지지 않는 한 우리의 인생은 비극적일 수밖에 없습니다.

해석이 무엇을 꿈꿔야 할 것인지 발견하는 과정이라면 조명은 자신이 무엇을 꿈꾸고 있는지 발견하는 과정이라고 할 수 있습니다. 결국 해석과 조명의 과정을 통해 꿈꾸는 것과 꿈꿔야 할 것 사이에 존재하는 거리를 발견하게 되는데, 묵상의 세 번째 단계인 교제는 해석과 조명 사이에 존재하는 이 간극을 좁혀 나가는 과정입니다.

조명, 말씀의 빛 아래 나를 두는 것

1. 정의

조명은 '빛을 비추다'라는 의미로 '어떤 대상을 일정한 관점에서 바라보는 것'을 뜻합니다. 묵상의 과정에서 조명은 말씀의 빛 아래 나를 비추어 보는 과정입니다. 말씀이 나에게 발견되는 과정이 해석이라면 조명은 말씀에 내가 발견되는 과정이라고 할 수 있습니다.

❖ 이사야 55장 6~9절을 읽으십시오.

하나님은 발견되길 원하십니다. 해석을 통해 우리는 우리와 다른 하나님을 발견하게 됩니다. 해석은 '다름'을 발견하는 과정이며 동시에 '옳음'을 발견하는 과정입니다. 해석을 통해 발견한 하나님의 다름은 우리의 다름을 발견하게 합니다. 또한 하나님의 옳음은 반듯하지 못한 우리의 삶을 비추는 거울입니다. 해석의 과정은 이처럼 말씀을 통해 나의 참 얼굴을 발견하는 조명의 과정으로 이어지게 됩니다.

❖ 시편 119편 130절을 읽으십시오.

여기서 사용된 '열다'라는 표현은 꽃잎을 여는 꽃의 모습을 비유적으로 그린 것입니다. 꽃이 피기 전까지는 봉오리 안에 꽃의 아름다움이 숨겨져 있는 것처럼 말씀 또한 말씀이 열리기 전까진 그 가치와 능력이 결코 드러나지 않습니다. 많은 그리스도인이 말씀이 지닌 부요함과 아름다움을 경험하지 못하고 말씀을 꽃봉오리인 채로 지니고 있습니다. 묵상하지 않기 때문입니다. 성령은 해석의 과정을 통해 주의 말씀을 열어 주시며 조명의 과정을 통해 말씀으로 우리를 비추십니다. 해석과 조명은 일련의 과정입니다. 먼저 열어 주시는 과정이 필요하며 열린 말씀이 우리를 비추는 과정이 뒤따라야 합니다. 말씀이 열리고 말씀의 빛이 비칠 때 비로소 내면에 자리 잡은 우둔함과 어둠을 깨닫게 되는데 그 어둠 속에서 만나게 되는 얼굴이 가면을 벗은 자신의 진짜 얼굴입니다.

2. 조명이 필요한 이유

사람들은 많은 가면을 쓰고 세상을 살아갑니다. 더욱 큰 문제는 스스로가 쓴 가면을 자신의 진짜 얼굴이라고 착각한 채 살아간다는 것입니다. 이처럼 자신이 누구인지 모른다면 어떤 인생을 살아야 하는지에 대해서도 무지할 수밖에 없습니다. 자신이 아닌 다른 사람으로 이 땅을 살아갈 수밖에 없는 이유가 여기에 있으며 말씀으로 나를 조명해야 하는 이유도 여기에 있습니다. 말씀은 내가 어떤 가면을 쓰고 세상을 살아가는지, 그리고 가면 속에 감추어진 자신의 진짜 얼굴이 무엇인지 깨닫게 함으로써 참된 자신으로 살도록 이끌어 줍니다.

❖ 예레미야 17장 9~10절, 잠언 14장 13절을 읽으십시오.

❖ 위의 구절들을 참고하여 조명의 과정이 필요한 이유에 대해 나누어 보십시오.

❖ 히브리서 4장 12절을 읽으십시오.

❖ 이 구절을 읽고 말씀으로 나를 조명하는 것이 필요한 이유와 말씀이 나를 어떻게 조명하는지에 대해 나누어 보십시오.

조명은 말씀을 자신의 이야기로 읽는 것이며 말씀의 빛 아래 드러난 자신의 모습을 발견하는 것입니다. 우리는 해석의 과정을 통해 자신이 어떤 이야기의 일부가 되어야 하는지 깨닫게 되며 조명의 과정을 통해 어떤 이야기의 일부로 살아가고 있는지 알게 됩니다.

3. 조명의 대상

말씀의 조명을 통해 우리는 꿈의 문제뿐 아니라 다양한 영역에서 말씀과 자신 사이에 거리가 존재한다는 사실을 알 수 있습니다. 실제로 자신의 삶을 이루는 모든 영역이 조명의 대상이 되지만 그렇다고 말씀이 한꺼번에 삶의 모든 영역을 비추는 것은 아닙니다. 또한 현재 나의 관심과 고민을 조명해 주시기도 하지만 때로는 전혀 기대하지 못한 영역을 비추실 때도 있습니다. 어떠한 경우든 성령이 말씀을 통해 조명해 주는 영역은 우선적으로 고민하고 관심을 가져야 할 대상임이 분명합니다. 큐티를 지속적으로 해 나가면서 말씀이 조명해 주는 대상과 영역은 점차 넓어지며 이 과정에서 영적인 성숙과 변화를 경험하게 될 것입니다.

1) 내면

말씀은 우리의 내면에 존재하는 악과 어둠뿐 아니라 과거의 상처와 실패를 정직하게 바라볼 수 있도록 조명합니다. 내면의 악과 어둠을 대면하며 우리는 정의에 대한 갈망과 빛으로 부르신 자신의 정체성을 확인하게 됩니다. 또한 과거의 상처와 실패를 하나님의 시각으로 바라보고 해석할 수 있게 됩니다. 이처럼 말씀은 내면의 부정적인 면을 조명함으로써 변화를 가져오는 한편 세상의 거친 물결에도 불구하고 언제나 함께하시는 하나님을 확인하게 함으로써 지치고

갈한 심령을 위로하며 새로운 힘을 공급해 주기도 합니다.

2) 삶

단순히 일면을 보아서는 무엇이라고 딱히 단정하기 어려운 복잡한 면모를 지닌 것이 우리의 삶입니다. 한 사람의 인생을 제대로 알기 위해 우리는 삶을 이루는 많은 영역을 복합적으로 살펴보아야 합니다. 예를 들자면 가치관, 자아관, 기호, 관심, 성품, 감정, 습관, 태도, 성향, 능력 등입니다. 문제는 이러한 것 가운데 자신에게 무엇이 있는지 또는 없는지에 대해 무지하다는 것이며 이러한 무지는 당연히 자신에게 있어야 할 것과 없어져야 할 것이 무엇인지 분별하기 어렵게 만듭니다. 말씀은 내면뿐 아니라 한 사람의 삶을 이루는 전 영역을 조명함으로써 진정한 자신의 모습을 찾도록 인도해 줍니다.

3) 상황

우리는 삶 속에서 끊임없이 현실의 벽과 장애물을 만납니다. 이것들은 우리를 절망하고 낙심하게 만들며 이러한 절망과 낙심은 부러움과 두려움이라는 두 가지 잘못된 반응을 가져옵니다. 이러한 반응은 결국 현실과 잘못된 관계(타협, 안주, 굴복, 마찰 등)를 맺게 합니다. 현실에서 우리는 여러 가지 크고 작은 문제에 부딪히며 그 문제가 자기 능력의 한계를 넘어서는 것일 때 그것을 벽과 장애물로 인식하게 됩니다. 하지만 이러한 문제에 대한 인식은 실제로 자신의 한계나 문제의 크기에 대한 잘못된 이해에서 비롯된 것일 수도 있습니다. 말씀은 경험의 눈으로만 세상을 바라보는 우리에게 믿음의 눈을 열어 줌으로써 현재 부딪힌 현실의 벽과 장애물을 온전한 시각으로 바라볼 수 있도록 조명해 줍니다. 이 과정에서 무엇이 문제인지 분명히 알게 되며 문제를 다루는 올바른 방법을 배우게 됩니다.

❖ 열왕기하 6장 14~17절을 읽으십시오.

❖ 사환에게 있어 하나님이 눈을 열어 주시기 전과 후에 달라진 점은 무엇일까요?

사환의 눈이 열려 하나님의 군대를 보았다고 해서 당면한 문제가 달라진 것은 아닙니다. 달라진 것이 있다면 문제를 새로운 눈으로 볼 수 있게 되었다는 것입니다. 조명은 이처럼 우리의 눈을 열어 어두움 속에 실재하는 진실을 볼 수 있게 하는 성령의 역사입니다.

4) 관계

사람은 관계 속에서 존재하며 관계를 통해 자신의 존재 가치를 확인합니다. 말씀이 조명하는 또 다른 대상은 바로 이 관계에 대한 것이며 말씀이야말로 관계의 건강함을 점검할 수 있는 유일한 잣대입니다. 우리는 날마다 말씀을 통해 자신과의 관계, 이웃과의 관계, 하나님과의 관계가 얼마나 건강한지를 점검할 필요가 있습니다.

교제, 하나 됨을 위한 과정

성경은 우리를 그릇 행하여 각기 제 갈 길로 간 길 잃은 양에 비유합니다(사 53: 6). 길을 잃은 양이 해야 할 일은 길을 찾는 것이 아니라 목자를 찾는 것입니다. 길을 찾는 것은 양이 아닌 목자가 할 일입니다.

❖ 시편 25편 12~13절을 읽으십시오.

❖ 하나님이 하실 일과 우리가 해야 할 일을 어떻게 구분하고 있는지 설명해 보십시오.

우리가 인생의 문제를 안고 거기서 헤어 나오지 못하는 이유는 목자가 해야 할 일을 양이 하려고 하기 때문입니다. 양은 목자를 찾고 목자의 인도함을 따르는 존재일 뿐입니다. 자신의 목자가 누구인지를 깨닫고 그 목자를 찾는 과정이 해석과 조명이라면 교제는 목자에게 자신을 맡기는 과정이라고 할 수 있습니다. 우리는 교제의 과정을 통해 목자이신 하나님이 공급하시는 양식을 먹으며 위로와 상처를 싸매는 치유의 손길을 경험할 뿐 아니라 지속적인 하나님의 보호와 인도하심에 자신을 맡기게 됩니다.

큐티는 말씀을 통한 하나님과의 교제입니다. 해석과 조명이 필요한 이유는 하나님과의 건강하고 올바른 교제를 위해서입니다. 해석과 조명은 하나님과의 교제가 형식적이거나 자의적으로 흐르는 것을 막아 줍니다. 해석과 조명이 하나님과 우리 사이에 존재하는 거리를 발견하는 과정이라면 교제는 이러한 거리를 좁히는 과정입니다.

1. 교제의 목적
1) 배움
교제를 통해 우리는 많은 것을 배우게 됩니다. 인생을 채우는 많은 질문에 대한 해답을 얻게 되며 하나님의 시선으로 세상과 자신을 바라보는 법을 배우게 됩니다. 성경이 지혜라고 일컫는 이러한 배움에 이르는 것이 교제의 결과이긴 하지만 배움은 교제의 결과인 동시에 목적이기도 합니다. 즉, 교제를 통해 배우게 되고 배움을 위해 교제가 필요하다는 것입니다.

❖ 호세아 4장 6절, 6장 3절을 읽으십시오.

❖ 자신에게 배움이 필요한 이유를 나누어 보십시오.

❖ 배움을 위해 자신이 어떠한 방법을 사용하고 있는지 나누어 보십시오.

배움을 위한 다양한 방법이 있습니다. 하지만 교제를 통한 배움이 필요한 이유는 우리가 알아야 할 지식이 '하나님에 대한 지식'이기 때문이며 '하나님에 대한 지식'은 '하나님을 앎'으로만 얻을 수 있기 때문입니다. 교제가 필요한 이유는 배움의 대상이 하나님이기 때문이며 배움의 목적이 하나님을 알아 가는 데 있기 때문입니다.

2) 담기
양육의 목표는 예수님을 닮아 가는 것에 있습니다. 묵상의 목적 또한 마찬가지입니다. '닮기'가 '담기'에서 유래한 단어라고 했듯이 마음에 담고 있는 것을 닮아 가는 것이 우리의 삶이며, 무엇을 담고 있느냐에 따라 닮는 모습이 다른 게 우리의 삶입니다. 우리가 닮아 가야 할 목표인 예수님을 내 안에 담는 것이 교제의 두 번째 목적입니다.

❖ 빌립보서 2장 5~8절을 읽으십시오.

3) 연합
교제의 또 다른 목적은 연합과 일치에 있습니다. 해석과 조명을 통해 발견한 하나님과 나 사이의 거리를 좁히는 것이 교제의 과제이므로 연합은 묵상의 궁극적인 목적이기도 합니다.

자신이 어떤 이야기의 일부인지를 발견하고 하나님이 정해 놓으신 질서 안에 자기를 둠으로써만 가능한 것이 연합입니다. 이러한 관계에서 하나님은 변하지 않고 바꿀 수도 없는 대상입니다. 그래서 나의 변화를 통해서만 가능한 것이 연합입니다. 이러한 변화의 기준으로 삼아야 할 유일한 잣대 역시 말씀입니다.

이러한 관점에서 교제는 말씀이 나의 변화를 요구하는 과정이라고 할 수 있습니다. 하지만 이 과정은 강압적이거나 일방적인 것이 아닙니다. 우리의 변화는 하나님의 사랑과 능력을 확인할 때만 가능하기 때문입니다. 교제의 과정에서 우리는 자신의 철저한 무능과 이를 덮으시는 하나님의 온전한 사랑과 능력을 경험하게 됩니다. 그리고 변화의 요구에 스스로 응답하게 되며 온전한 연합에 이르게 됩니다. 이처럼 교제는 연합을 목적으로 하며 교제는 연합을 위해 반드시 필요한 과정입니다.

2. 교제의 대상

말씀을 묵상(해석, 조명, 교제)하는 과정에서 주목해야 할 세 가지 주제가 있습니다. 교제의 대상은 묵상의 주제와 불가분의 관계가 있으며 교제가 목적하는 바를 이루기 위해서도 반드시 이해해야 할 요소입니다.

1) 하나님

말씀을 통해 묵상해야 할 첫 번째 주제는 하나님입니다. 성경의 주제가 하나님이기 때문입니다. 말씀을 통해 우리는 하나님에 대해 알게 됩니다. 하나님의 성품, 하나님의 생각, 하나님의 뜻과 계획, 하나님의 능력, 하나님의 마음 등 하나님에 대해 눈이 열리는 과정이 해석이라면 조명은 하나님에 대한 앎을 통해 하나님에 대한 자신의 무지와 오해를 발견하는 과정입니다. 교제는 하나님과의 올바른 관계를 세워 나가는 과정으로 이를 통해 '하나님에 대한 앎'과 '하나님에 대한 무지' 간의 거리를 좁혀 가게 됩니다.

하나님을 거치지 않고 제대로 접근할 수 있는 삶의 문제는 없습니다. 그래서 삶을 제대로 바라보기 위해서는 삶을 허락하신 하나님에 대한 앎이 필요합니다. 교제는 하나님을 통해 삶의 문제를 바라보며 또한 삶의 문제를 통해 하나님께 나아가는 과정입니다.

2) 자신

묵상의 두 번째 주제는 나 자신입니다. 말씀은 상상을 통해 만들어진 이야기가 아니라 구체적인 삶의 현장에서 길어 올린 이야기입니다. 비록 시간과 장소, 문화 등 많은 차이가 있지만 우리와 동일한 사람의 이야기이기에 성경 속에 등장하는 인물의 고민과 갈등, 투쟁과 승리의 이야기는 오늘을 살아가는 우리의 이야기이기도 합니다.

말씀 속에서 발견한 나의 이야기는 조명을 통해 '나에 대한 앎'의 과정으로 이어지게 됩니다. 조명을 통해 우리는 내 안에 숨겨져 있거나 깨닫지 못한 죄, 시간이나 물질 등을 비롯해 하나님의 뜻대로 사용하지 못하는 것들, 해결되어야 할 문제들을 발견하게 됩니다. 교제를 통해 이러한 자신의 모습을 성찰의 무대에 올려놓게 되는데 이 과정 속에서 우리의 비뚤어진 관심, 왜곡된 삶의 기준, 버리지 못한 야망들을 계속해서 만지시는 하나님을 만나게 됩니다. 이를 통해 하나님이 원하시는 모습으로 자신과의 올바른 관계를 세워 가는 것이 교제입니다.

3) 세상

묵상의 세 번째 주제는 우리가 빛과 소금으로 살아가야 할 세상입니다. 세상 가운데서 부르심을 받았지만 세상 속으로 보내심을 받은 자들이 바로 주님의 제자들입니다. 우리는 해석과 조명의 과정을 통해 세상을 향한 하나님의 마음과 자신에게 주어진 세상을 위한 사명을 발견하며 교제의 과정을 통해 세상과의 올바른 관계를 세워 가게 됩니다.

해석은 해당 본문이 세 가지 주제 가운데 어떠한 범주에 속하는지 밝히는 과정이며 조명은 해석된 주제의 범주 안에서 내가 어떠한 관계를 맺고 있는지 드러나는 과정입니다. 그리고 묵상의 마지막 과정인 교제를 통해 세 가지 주제와 관련된 올바른 관계를 세워 나가게 됩니다.

3. 교제의 방법
1) 성찰(省察, reflection, introspection)

교제의 첫 번째 방법은 해석을 통해 발견된 말씀과 말씀으로 조명된 것들을 성찰의 무대에 올리는 것입니다.

성찰은 '명상'(冥想, meditation)이나 가톨릭에서 말하는 '관상'(觀想, contemplation)과는 다른 개념입니다. 명상은 비록 묵상으로 번역되는 'meditation'이라는 동일한 단어를 사용하긴 하지만 동양의 범신론적인 신비 종교에서 비롯된 것으로 우주와의 하나 됨을 목적으로 자신과 자신의 모든 의식을 비우는 반이성적인 과정을 말합니다. 이에 비해 관상은 가톨릭의 전통적인 수도원적인 영성을 기초로 발전한 것입니다. 관상은 그리스도와의 일치라는 목적을 소위 '거룩한 상상력'을 동원해 그리스도의 현존을 체험하는 것으로 설명하는 비이성적인 과정으로써 개인의 느낌과 체험을 중시한다는 특징이 있습니다.

교제의 방법으로서의 성찰은 자신을 돌아보며 깊이 살피는 이성적인 사고의 과정을 말합니다. 따라서 자신과 무관하고 인식할 수 없는 실재를 좇는 명상이나 그리스도와의 일치를 추구하면서도 상상력을 사용해 실제로는 개인적인 느낌과 체험을 중시하는 관상과는 맥을 달리합니다. 성찰은 해석을 통해 깨달은 말씀과 조명을 통해 비추인 자신의 모습을 비교하고 다양한 관점에서 깊이 생각하는 것입니다. 그럼으로써 생각 속에 말씀을 붙드는 과정인 동시에 말씀의 빛 아래 자신을 두는 과정입니다.

2) 대화

대화는 말씀을 통해 깨닫게 하신 것들에 대해 분명하고 구체적으로 다가서게 하는 교제의 방법입니다. 예수님과 제자들 간에 이루어진 교제 중 많은 부분이 대화로 이루어져 있습니다. 제자들이 질문과 답변의 과정을 통해 진리에 다가가고 삶 속에서 끊임없이 솟아오르는 질문에 대한 올바른 답을 얻었던 것처럼 교제의 과정 속에서도 말씀에 질문하고 말씀의 질문에 답변하는 대화 방법을 통해 하나님과 자신 그리고 세상과의 거리를 좁혀 갈 수 있습니다.

3) 침묵

세 번째 교제의 방법은 침묵입니다. 침묵은 단순히 기계적으로 말을 멈추는 것만을 의미하지 않습니다. 침묵은 성찰과 대화의 과정 속에서 오가는 생각과 질문을 멈추고 주님을 바라보면서 주님의 임재를 기다리는 과정이며 이를 통해 주님과의 만남과 연합을 이루는 과정입니다. 이를 위해 침묵의 과정 속에 담아야 할 것이 있습니다.

① 자기 부인

침묵 속에 담아야 할 첫 번째 내용은 자기 부인입니다. 침묵은 언어로 소통하고 관계를 맺는 인간에게 있어 결코 자연스럽지 않은 행위입니다. 그래서 침묵이 가진 중요한 속성이 바로 자기 부인입니다. 하지만 침묵이 자기 부인의 속성을 지니고 있다고 해서 침묵하면 저절로 자기 부인이 되는 것은 아닙니다.

복음서에는 바리새인들이 경건의 실천 덕목으로 삼았던 구제와 기도 그리고 금식에 대해 예수님이 그들의 위선을 꾸짖으신 내용이 기록되어 있습니다(마

6:1~18). 예수님이 구제와 기도, 금식 자체를 문제 삼으신 것은 아닙니다. 바리새인들의 문제는 자기 부인이라는 경건의 본질과 핵심을 벗어난 채 경건의 모양만 갖추었던 데 있습니다. 침묵도 이와 같을 수 있습니다. 중요한 것은 침묵의 여부가 아니라 침묵 속에 자기 부인의 본질을 담고 있느냐 하는 것입니다.

❖ 마태복음 16장 24절을 읽으십시오.

이 구절은 제자도가 무엇인지를 가장 분명하게 설명하는 구절이라고 할 수 있습니다. 우리는 제자도와 관련한 주님의 말씀을 통해 침묵 속에 담아야 할 자기 부인의 본질이 무엇인지 알 수 있습니다.

❖ 침묵 속에 담아야 할 자기 부인의 본질에 대해 무엇이라고 설명합니까?

② 사랑

자기를 부인하는 것이 십자가를 담는 과정임은 분명하지만 십자가를 담는 것이 곧 십자가를 지는 삶으로 이어지는 것은 아닙니다. 그래서 자기 부인이 십자가를 지는 삶으로 이어지기 위해 필요한 것이 사랑입니다.

자기 부인이 없었다는 것 외에도 바리새인들이 실천한 경건의 덕목이 지닌 문제점이 바로 사랑의 부재였습니다. 바리새인들의 경건은 이웃과 하나님에 대한 사랑에서 비롯된 것이 아니라는 점에서 십자가를 지는 제자의 길과 비교됩니다. 사랑 없이 질 수 없는 것이 십자가이며 사랑만이 십자가를 지고 주님을 따르는 제자의 삶을 가능하게 합니다. 그래서 자기 부인과 함께 침묵 속에 반드시 담아야 할 것이 주님에 대한 사랑입니다.

③ 기억

다양한 인생의 경험은 인생을 넓고 깊게 만드는 데 도움을 줄 수 있습니다. 하지만 인생의 크기가 경험의 크기와 비례하는 것은 아니며 인생의 깊이가 경험의 종류와 비례하는 것도 아님을 기억할 필요가 있습니다.

출애굽한 이스라엘 백성은 광야에서의 40년 여정을 통해 매일매일 기적을 경험했습니다. 하지만 가나안 땅을 앞에 두고 모세가 이스라엘 백성에게 당부했던 것은 하나님이 행하실 또 다른 기적을 기대하라는 것이 아니었습니다.

❖ 신명기 8장 2~4절을 읽으십시오.

모세의 명령은 "하나님이 행하신 일을 기억하라"라는 것이었습니다. 신명기에는 '하나님이 하신 일'과 함께 "네 하나님 여호와를 기억하라"(신 8:18)라는 명령이 반복해서 주어집니다.

신명기의 말씀은 기억의 중요성을 거듭 이야기합니다. 아무리 크고 다양한 기적을 경험했다 할지라도 그러한 기적을 기억하지 못하고 잊어버린다면 기적을 통해 기대할 수 있는 인생의 변화란 아무것도 없을 것입니다. 인생의 크기를 결정하는 것은 기적의 크기가 아니라 기억의 크기입니다. 과거의 실패를 되풀이하지 않고 오늘의 문제를 제대로 다룰 수 있게 하는 것이 바로 기억의 힘입니다. 하나님이 기억하시는 인생은 다름 아닌 하나님을 기억하는 인생입니다. 기억은 하나님을 향하게 하는 힘이며 하나님을 통해 새롭게 시작할 수 있는 능력입니다.

잊힌 기적이 인생의 기적을 만들어 낼 수 없듯이 잊힌 말씀 또한 그러합니다. 아무리 말씀을 제대로 깨닫고 말씀의 빛을 통해 자신을 제대로 보게 되었다 한

들 기억하지 못하는 말씀이 인생에 어떤 영향을 줄 수 있겠습니까? 그래서 자기 부인과 사랑 외에 침묵 속에 반드시 담아야 할 것은 기억입니다.

묵상하는 과정에서 자신을 조명해 준 말씀을 붙드는 것이 기억입니다. 말씀을 기억할 때 본문 전체를 기억할 필요는 없습니다. 본문에서 말하려는 바를 담은 한 구절 또는 한 단어를 붙드는 것으로 충분합니다. 침묵 속에서 말씀을 붙드는 기억은 머리와 가슴으로 하는 것입니다. 가슴으로 말씀을 기억한다는 점에서 기억은 구절 암기와는 다르며 머리로 말씀을 기억한다는 점에서 본문 내용과는 무관하게 마음에 와 닿는 임의의 한 구절이나 단어를 붙드는 묵상과도 분명하게 구별됩니다.

4. 교제의 결과
교제는 우리의 삶에 변화를 가져옵니다. 성경은 교제를 통해 우리가 얻게 될 많은 축복을 약속합니다.

1) 지식과 지혜
교제는 우리의 눈을 열어 지혜의 부요함과 풍성함을 경험하게 합니다. 새로운 지혜와 지식의 습득은 교제를 통해 얻는 중요한 열매입니다. 교제를 통해 얻는 지혜와 지식은 죄와 죽음으로 인한 두려움에서 우리를 자유하게 하는 진리(히 2:14~15; 요 8:31~32)입니다. 이러한 지식과 지혜는 분별력과 통찰력을 제공함으로써 세상에서 참과 거짓을 온전히 분별하며 진리의 편에 서는 삶을 가능하게 합니다.

2) 믿음의 성장
분별력과 통찰력을 얻을 수 있다는 것은 분명 교제를 통해 얻는 큰 선물이자 축복입니다. 하지만 지혜와 지식을 배워 가야 할 또 다른 이유가 있습니다.

❖ 에베소서 4장 13절을 읽으십시오.

양육은 그리스도의 장성한 분량이 충만한 데까지 이르는 '온전한 사람'을 이루는 데 그 목적이 있습니다. 에베소서는 '사람의 속임수와 간사한 유혹에 빠져 온갖 교훈의 풍조에 밀려 요동하지 않는'(4:14) 온전한 사람을 이루기 위해 필요한 것이 '믿음'과 '앎'이라고 기록합니다. '하나님의 아들을 믿는 것'과 '아는 일'은 별개의 것이 될 수 없습니다. 지식이 없는 믿음은 무모하고 믿음이 없는 지식은 공허합니다. 믿음과 앎이 하나가 될 때 온전해지는 것이 우리의 인생입니다. 지혜와 지식을 배워야 하는 이유가 여기에 있습니다. 온전한 믿음에 이르기 위해서입니다. 그래서 교제를 통해 얻는 두 번째 축복이 믿음이며 믿음은 지속적인 교제를 통해 성장하게 됩니다.

3) 치유와 회복

교제를 통해 주시는 세 번째 선물은 치유와 회복입니다. 문제없는 인생, 상처 없는 인생이 있겠습니까? 많은 사람이 삶의 문제와 상처로 인해 고통받고 있습니다. 하지만 문제와 상처가 고통스러운 것으로만 여겨지는 이유는 문제와 함께 찾아오는 하나님의 사랑을 발견하지 못하기 때문입니다. 우리가 경험하는 삶의 우여곡절이나 희로애락 중 그 어떤 것도 우연히 찾아오는 것은 없습니다. 이와 같은 삶의 다양한 면모가 다름 아닌 하나님의 사랑에서 비롯된 것이라는 사실을 깨닫는 순간이 바로 우리의 일상에 구원이 임하는 때일 것입니다. 교제를 통해 우리는 하나님의 사랑과 능력을 지속적으로 확인할 수 있습니다. 그리고 이를 통해 치유와 회복을 경험하게 됩니다.

4) 사명의 확인

우리는 이기적인 존재입니다. 세상에서 가장 아픈 상처는 나의 상처이며 가장 절실하게 해결해야 할 문제도 나의 문제일 것입니다. 이러한 이기적인 본성이 큐티에서도 종종 나타납니다. 그로 인해 나와 말씀과의 관계 외에는 다른 것에 결코 눈을 돌리지 않고 말씀 안에서 나를 해석하기보다는 내 안에서만 말씀을 해석하려고 하는 경향을 띠게 됩니다. 이처럼 그리스도인으로서 사명을 온전히 깨닫지 못했을 경우 큐티가 헌신의 도구가 아닌 개인의 이기심을 채우는 욕망의 도구로 변질되기 쉽습니다.

하지만 나의 행복과 회복만을 좇는 것이 내가 세상에 존재하는 이유의 전부는 아닙니다. 특히 구원받은 그리스도인에게 '생명'과 '생존'은 결코 이 땅을 사는 이유가 될 수 없습니다. 생명이 아니라 '사명'을 위해 사는 것이 그리스도인에게 주어진 삶의 본질입니다. 자신의 참 얼굴을 발견하는 것 이외에도 말씀을 통해 자신을 해석하는 것이 필요한 이유는 자신의 일을 발견하기 위해서입니다.

인생을 살며 길을 잃어버리는 경우가 종종 있습니다. 길이 사라지기 때문이 아니라 하나님이 정해 주신 길이 아닌 타인의 길 위에 서 있기 때문입니다. 타인의 길에서 돌아와 자신의 길에 서기 위해서는 자신에게 주어진 일을 확인하는 과정이 필요합니다. 교제를 통해 우리는 지속적으로 자신의 사명을 확인하며 하나님이 정해 주신 자신의 길을 가게 됩니다.

여덟 번째 만남을 통해 조명과 교제에 대해 알아보았습니다. 여덟 번째 만남에서 배운 것들을 다음 질문을 통해 다시 한 번 점검해 보십시오.

1. 조명이란 무엇입니까?

2. 조명의 대상에 대해 나누어 보십시오.

3. 교제란 무엇입니까?

4. 교제의 목적은 무엇입니까?

5. 교제의 방법과 교제의 결과에 대해 나누어 보십시오.

【 과제 】

1. 여덟 번째 만남에서 공부한 내용을 복습하십시오.

2. 아홉 번째 만남을 예습하십시오.

3. 한 주간 큐티를 통해 자신을 조명하신 내용을 큐티 노트에 기록하십시오.

4. 교제의 과정에서 붙든 말씀을 큐티 노트에 기록하십시오.

PART 3

큐티,
제대로 뿌리내리고 있습니까?

말씀을 대하는 우리의 관점은
성경적이면서도 때로는 세속적일 때가 많습니다.
성경적인 관점을 잃어버리지 않을 때
한 구절로 성경 전체를 품으려는 자의적인 큐티가 아닌
성경 전체를 품는 한 구절을 붙드는 큐티를 할 수 있습니다.

묵상 클리닉(1)
– 말씀을 이해하는 올바른 관점

> 성경은 그리스도인이 영원을 항해할 때 보는 항해도이며,
> 매일의 삶을 살 때 필요한 지도다.
> – 토마스 왓슨

말씀을 대하는 관점 분별하기

여덟 번째 만남의 '조명'에서 묵상의 주요한 세 가지 주제를 나누었습니다. 묵상의 세 가지 주제는 성경이 다루는 다양한 주제를 아우르는 큰 주제라고 할 수 있으며 묵상의 중심에 놓아야 할 중요한 주제이기도 합니다.

❖ 묵상의 세 가지 주제는 각각 무엇입니까?

묵상의 세 가지 주제를 생각하면서 우리가 기억해야 할 것은 이러한 주제들이 독립적이지 않으며 서로 연관되어 있다는 것입니다. 특히 성경의 큰 흐름을

놓치지 않기 위해서는 이러한 주제가 우리의 삶과 어떻게 연관을 맺고 있는지 이해할 필요가 있습니다. 우리는 삶을 통해 하나님에게 나아가기도 하고 하나님을 묵상함으로 삶에 대한 지혜를 얻기도 합니다. 또한 자신에게 주어진 삶을 어떻게 다루어야 하는지 살펴보는 한편 삶 속에 자신이 어떻게 자리 잡아야 하는지도 돌아보아야 합니다. 성경의 흐름을 놓치지 않는다는 것은 이러한 과정 속에서 말씀을 통해 우리의 삶을 지탱하고 있는 것이 무엇인지 혹은 반대로 우리가 삶으로 지탱해야 할 것이 무엇인지를 분별하는 것입니다. 그래서 성경의 흐름 속에서 말씀을 묵상하기 위해 성경을 어떤 관점으로 바라봐야 하는지, 성경이 어떤 관점으로 우리 삶을 바라보는지 살펴봐야 합니다.

말씀을 대하는 우리의 관점은 이중적일 때가 많습니다. 성경적이면서도 때로는 지극히 세속적인 관점에서 말씀에 접근합니다. 믿음을 이야기하며 상식으로 말씀에 접근하는가 하면 말씀의 권위를 인정하면서도 전통적인 관점을 포기하지 않습니다. 또한 구약과 신약을 다른 관점에서 접근하기도 합니다. 관점은 태도를 결정하고 태도는 삶을 결정합니다. 그래서 하나님과 세상 사이를 오가며 쪼개진 삶을 살지 않으려면 성경을 바라보는 온전한 관점이 필요합니다. 성경적인 관점을 잃어버리지 않을 때 한 구절로 성경 전체를 품으려는 자의적인 큐티가 아닌 성경 전체를 품는 한 구절을 붙드는 큐티를 할 수 있습니다.

율법은 지금도 유효하다

성경이 다루는 가장 큰 주제 중 하나이면서 오늘날 교회에서 이중적인 관점이 적용되는 대표적인 주제가 율법입니다. 따라서 성경의 큰 흐름을 놓치지 않고 말씀에 접근하는 온전한 관점을 지니기 위해서는 율법에 대한 올바른 이해가 필수적입니다. 율법에 대한 이해를 점검함으로써 말씀에 대한 자신의 태도를 점검할 수 있습니다. 또한 성경을 바라보는 온전한 관점이 무엇인지 이해하고 이러한 바탕에서 말씀을 대할 수 있게 될 것입니다.

율법과 관련된 문제는 모세 시대에 사는 사람들에겐 논쟁의 여지가 없었습니다. 율법은 반드시 지켜야 하는 것이었기 때문입니다. 더할 수도 뺄 수도 없으며 변할 수 없는 삶의 기준이 율법이었습니다. 율법이 문제가 되는 것은 오늘날의 상황과 관련해서입니다. "오늘날도 여전히 율법을 지킬 의무가 있습니까 아니면 무시해도 괜찮은 것입니까?"

구약에 기록된 율법에 대한 오늘날의 이해는 크게 '율법 폐기주의'와 '율법주의'로 나뉜다고 볼 수 있습니다. 율법 폐기론자들은 은혜의 복음으로 인해 율법이 그 효력을 잃었으므로 오늘날에는 더 이상 율법을 지킬 의무가 없다고 주장합니다. 반면에 율법주의자들은 은혜로 구원받은 것은 맞지만 오늘날의 그리스도인들에게도 여전히 율법을 지킬 의무가 있다고 주장합니다. 그렇다면 오늘날의 교회는 어떤 입장을 취하고 있을까요?

❖ 자신은 율법에 대해 어떻게 이해하고 접근하고 있는지 나누어 보십시오.

오늘날 극단적인 '율법 폐기주의'나 '율법주의'를 율법에 대한 올바른 이해라고 가르치는 교회는 많지 않습니다. 그럼에도 율법에 대한 교회의 가르침은 이중적인 면이 있습니다. 실제적으로는 은혜와 율법을 동시에 강조하기 때문입니다. 죄 문제에 대해 은혜로 접근할 것을 강조하면서도 죄를 범하지 말아야 할 이유에 대해서는 율법을 근거로 설명하는 것, 성도의 축복을 은혜로 설명하면서 교회에 대한 성도의 책임은 율법으로 접근하는 것 등은 명백히 율법에 대한 이중적인 태도입니다. 안식일에 대한 계명을 근거로 주일 성수를 강조한다든지 십일조에 대한 율법의 명령을 여전히 지켜야 한다고 가르치는 것 등은 율법에 대한 교회의 이중적인 태도를 잘 보여 주는 예라고 할 수 있습니다. 율법주의의 오류를 지적하면서도 율법주의 덫에 빠지는 이러한 모순적인 태도는 분명히 교회의 필요에 따라 율법을 이용한다는 오해를 불러일으킬 수 있는 부분입니다. 그래서 율법의 문제를 성경적인 관점에서 제대로 다루어야 할 필요가 있습니다.

❖ 레위기 20장 13절을 읽으십시오.

❖ 이 내용이 다루는 것은 무엇입니까?

'동성애'라는 행위에 대해 하나님은 '가증한 일'이라고 말씀하시고 이러한 죄를 범한 자는 "반드시 죽이라"라고 말씀하셨습니다. 동성애에 대한 규례를 이스라엘 백성에게 주실 때 동성애는 분명히 죄였으며 '죽음'으로 죄에 대한 대가를 치러야 했습니다. 하지만 오늘날은 상황이 많이 달라졌습니다. 북미와 많은 유럽 국가에서는 '동성애 차별'을 금지하는 법이 제정되었습니다. 동성애는 더 이상 죄가 아닌 개인의 성적 취향으로 취급되며 '동성애자'들은 죄인이 아니라 '성적 소수자'로 법적인 보호를 받는 것이 오늘날의 현실입니다.

❖ 오늘날의 상황에서 모세 시대에 주어진 율법을 기준으로 삼아 동성애를 죄로 규정하는 것이 옳은지 각자의 생각을 나누어 보십시오.

동성애에 관한 규정은 이러한 죄를 범한 사람을 "반드시 죽이라"라고 명령합니다. 자신의 목숨으로 죄의 대가를 치러야 한다는 것입니다. 모세의 때에는 동성애라는 죄를 지은 자는 반드시 죽어야 했습니다. 그렇다면 오늘날은 어떨까요? 성경이 정한 대로 심판하는 것이 옳을까요, 아니면 용서하는 것이 옳을까요?

❖ 오늘날 이러한 죄를 범한 사람을 어떻게 다루어야 하는지 자신의 생각을 나누어 보십시오. 그렇게 생각하는 이유와 근거에 대해서도 나누어 보십시오.

동성애라는 죄를 범한 사람을 어떻게 다루어야 할지에 대한 각자의 생각은 동성애를 포함한 죄와 심판에 대한 자신의 관점을 반영합니다. 그런데 개인의 이러한 관점 역시 일관적이지 않습니다.

❖ 성경은 '살인', '절도', '거짓 증거', '점(역술)' 등과 같은 행위 역시 죄라고 규정합니다. 이러한 죄는 어떻게 다루어야 할까요? 동성애의 경우와 비교해서 자신의 생각을 나누어 보십시오.

죄를 다룸에 있어 죄의 종류 혹은 죄질에 따라 심판의 내용도 달라져야 한다는 것이 일반적인 견해입니다. 하지만 이러한 견해는 도덕적인 관점이나 법적인 관점에서 비롯된 것이지 성경적인 관점은 아닙니다. 중요한 것은 죄에 대해 내가 혹은 사회가 어떻게 접근하느냐가 아니라 성경이 어떻게 접근하느냐 하는 것입니다.

❖ 로마서 1장 28~32절을 읽으십시오.

율법은 죄에 대한 기준이며 심판에 대한 기준입니다. 기준은 변할 수 없는 것입니다. 일관된 기준이 아니라 때에 따라 다른 기준으로 우리의 행위를 판단한다면 무슨 기준으로 우리를 죄인으로 규정할 수 있습니까? 또한 죄인으로 규정하는 것 자체가 불가능하다면 심판은 어떻게 가능할 수 있습니까? 그래서 죄를 정하는 기준은 결코 달라지지 않습니다.

성경은 하나님의 기준에 미치지 못하는 모든 외적, 내적 행위에 대해 죄라고 규정합니다. 모세의 때에 죄인 것은 지금도 죄입니다. 죄를 규정하는 잣대가 달라질 수 없기 때문입니다. 동성애를 포함해서 성경이 죄로 규정한 것들은 시대와 문화, 지역과 사람이 달라진다고 해서 죄 아닌 다른 것이 될 수 없습니다.

하나님은 시대에 따라 다른 잣대로 인생을 평가하지 않으십니다. 동성애는 죄입니다. 그래서 동성애라는 죄를 범한 사람은 차별받지 말아야 할 '성적 소수자'가 아닌 '죄인'입니다. 동성애가 죄라는 사실은 어떠한 상황 속에서도 결코 변할 수 없는 진리이며 동성애자가 죄인이라는 사실도 그러합니다.

율법은 죄를 지은 자에 대해 어떻게 심판해야 할지 정해 놓고 있습니다. 죄의 기준이 달라질 수 없는 것처럼 율법이 정한 심판의 내용 역시 변할 수 없는 것입니다.

❖ 마태복음 5장 26절을 읽으십시오.

율법에 대한 예수님의 태도는 단호하고도 분명합니다. 율법의 요구를 지켜야 한다는 것입니다. 간음하다 현장에서 붙잡힌 여인에 대한 주님의 판결은 "돌로 치라"(요 8:7)라는 것이었지 용서하라는 것이 아니었습니다. '죄의 삯은 사망'(롬 6:23)입니다. 죄의 대가로 치러야 할 심판의 내용 역시 결코 달라질 수 없는 것입니다. 이렇듯 심판의 기준인 율법과 이에 따른 심판의 내용은 어느 시대를 막론하고 결코 달라지지 않습니다. 죄의 기준이 상황에 따라 달라지지 않는다면 죄에 따른 심판의 내용 역시 변할 수 없는 법입니다. 모세의 시대에 목숨으로 죄의 대가를 치러야 했다면 오늘날도 마찬가지입니다.

❖ 히브리서 9장 22절을 읽으십시오.

여기에서 한 가지 질문이 있을 수 있습니다. "그렇다면 십자가는 무엇이며 은혜는 무엇입니까?"라는 질문입니다. 모세의 때에는 목숨으로 죄의 대가를 치르는 것이 맞습니다. 하지만 십자가 사건 이후를 사는 우리에게도 그러한 규정을 동일하게 적용할 수 있을까요? 은혜의 법을 따라 사는 우리는 율법과 무관한 것이 아닙니까?

❖ 갈라디아서 5장 18절, 로마서 6장 14절을 읽으십시오.

성경은 분명히 성령이 인도하시는 자는 율법 아래 있지 않으며(갈 5:18) 율법 아래 있지 않은 사람은 죄가 주장할 수 없다고(롬 6:14) 이야기합니다. 성경의 말씀대로라면 죄를 지어도 상관없다고 말할 수 있지 않겠습니까? 십자가 사건 이후를 사는 우리는 죄를 지어도 그것이 더 이상 죄가 되지 않고 죄를 지었다 해도 심판과 무관하다고 보는 것이 성경적인 것이 아닐까요? 지금도 여전히 율법이 정한 죄와 심판이 변함없다면 그리스도의 십자가 사건으로 달라진 것이 무엇입니까? 지금도 율법을 지키며 살아가야 한다는 이야기입니까?

율법이 죄로 정한 것은 결코 달라질 수 없습니다. 심판의 기준이 달라지지 않는다는 것입니다. 또한 율법이 정한 심판의 내용 역시 달라지지 않습니다. 십자가 사건으로도 결코 변할 수 없는 것이 심판의 기준과 심판의 내용입니다. 그러므로 십자가 사건으로 인해 죄를 지어도 그것이 더 이상 죄가 되지 않고 죄를 지었다 해도 심판과 무관하다고 보는 것은 죄와 심판에 대한 성경의 가르침에서 벗어난 잘못된 이해입니다.

❖ 갈라디아서 3장 13절, 에베소서 1장 4절을 읽으십시오.

심판의 기준과 심판의 내용은 달라진 것이 없지만 십자가 사건으로 인해 달라진 것이 한 가지 있습니다. 바로 '심판의 대상'입니다. 십자가 사건은 내가 치러야 할 죄의 대가를 예수님이 대신 치르신 것입니다. 십자가 사건 이전에는 자신이 죄의 대가를 치러야 했습니다. 하지만 이제는 내가 아닌 예수님이 치르십니다. 이것이 복음이며 은혜입니다.

❖ 로마서 8장 1절을 읽으십시오.

그리스도인들도 죄를 짓습니다. 그러나 자신이 죄의 대가를 지불하지 않습니다. 모든 죄는 십자가로 가고 거기에서 죄의 대가가 지불됩니다. 하지만 자신이 대가를 치르지 않는다는 것뿐이지 죄의 대가는 여전히 치러져야 하며 누가 짓든 가증한 것이 죄입니다. 그래서 '정죄함이 없다'는 것은 결코 죄를 지어도 괜찮다는 의미가 될 수 없습니다.

십자가를 통한 은혜와 관련해서 한 가지 더 주목해야 할 것이 있습니다. 주님이 십자가를 지심으로 심판의 대상이 달라진 것은 사실이지만 이러한 변화가 모든 사람에게 해당되는 것은 아니라는 점입니다.

❖ 에베소서 2장 11~12절을 읽으십시오.

예수님이 세상에 오시기 전에 세상은 하나였고 모든 사람은 세상의 어둠에 속한 자들이었습니다. 하지만 예수님이 오심으로 인해 세상은 예수님을 경계로 둘로 나뉘게 되었습니다. 이제 세상에 속한 사람들은 그리스도 '안'에 있는 자와

'밖'에 있는 자로 분명히 구별됩니다. 그리스도께서 죄의 대가를 지불해 주시는 '대속'은 오직 그리스도 '안'에 있는 자에게만 해당되며 그리스도 '밖'에 있는 자와는 무관한 일입니다.

주님은 다시 오실 것입니다. 그때는 모든 사람이 주님의 심판대 앞에 서게 될 것이며 주님은 우리의 죄에 대해 심판하실 것입니다. 주님이 다시 오셔서 심판하실 그때에 그리스도 안에 있는 자가 범한 죄의 대가는 십자가에서 흘리신 주님의 보혈로써 치러지게 됩니다. 그러나 그리스도 밖에 있는 자들의 죄에 대해서까지 십자가가 대신 그 대가를 지불해 주지는 않습니다. 율법과 양심이 그들의 죄를 고소할 것이며 율법이 정한 대로 자신이 죄의 대가를 지불해야 합니다. 그리스도 밖에 있는 한 누구든지 율법의 요구에서 자유로울 수 없으며 율법이 정한 심판 역시 유효합니다.

❖ 신명기 11장 26~28절을 읽으십시오.

율법은 축복과 저주라는 두 얼굴을 가지고 있습니다. 율법에 순종하는 자에게는 축복을 약속하지만 반대로 불순종하는 자에게는 저주를 약속합니다. 물론 그리스도 안에 있는 자에게만 해당되지만 율법이 정한 심판은 십자가 사건으로 해결되었습니다. 그렇다면 율법이 약속한 축복은 어떻게 이해해야 합니까?

많은 그리스도인이 은혜와 율법을 상반된 것으로 이해하면서 십자가 사건 이후로 율법의 저주와 함께 율법이 약속한 축복까지 우리와 무관하게 여기는 경향이 있습니다. 비록 심판의 대상은 달라졌지만 율법이 정한 심판의 내용과 기준이 여전히 유효하듯 율법이 정한 축복의 약속 역시 유효합니다. 그리스도인들이 율법에 대한 성경적인 관점을 가져야 할 분명한 이유가 있다면 그리스도로 인해 더 이상 우리를 구속할 수 없는 율법의 저주 때문이 아니라 율법이 우리에게 약속하는 축복 때문입니다.

❖ 말라기 3장 10절을 읽으십시오.

성경에 기록된 축복에 대한 약속은 말씀에 순종하며 사는 사람에게 지금도 유효한 말씀입니다. 은혜라는 이름 아래 율법을 우리와 무관한 것으로 여긴다면 우리의 신앙과 삶은 하나님이 가증하게 여기시는 죄를 가볍게 여길 뿐 아니라 축복에 대한 부분까지도 막연한 기대로 채워 갈 수밖에 없을 것입니다. 신앙은 도박이 아닙니다. 하나님이 약속하신 것을 좇아가며 자신의 삶 속에 그 약속을 채워 가는 것이 신앙입니다. 다만 율법이 약속한 저주가 두려워 율법을 지키는 것이 아니듯 은혜의 법 아래 있는 사람은 율법이 약속한 축복을 목적으로 율법을 지키는 것은 아닙니다. (축복을 목적으로 율법을 지키는 것이 아니라는 점에 대한 자세한 설명은 '열 번째 만남' 중 '축복을 바라보는 말씀의 창'에 대한 부분을 참고하십시오.)

율법이라는 기준으로 하나님이 가증하게 여기시는 것과 기뻐하시는 것을 분별하고, 가증한 것은 가증하게 여기며 하나님이 기뻐하실 것은 기뻐하는 것이 그리스도인의 삶이요 신앙입니다.

율법과 관련된 문제를 다루며 우리는 말씀에 대한 자신의 태도를 점검하고 성경을 바라보는 온전한 관점에 대해 알아보았습니다. 성경에 대한 온전한 관점은 우리로 하여금 말씀에 대한 올바른 태도를 가지도록 할 뿐 아니라 인생을 바라보는 성경적인 관점이 무엇인지 알게 함으로써 말씀에 합당한 반듯한 삶을 살아가도록 인도해 줍니다.

❖ 자신이 해결해야 할 죄 문제와 관련해 지금까지 어떻게 죄를 다루었는지에 대해 나누어 보십시오. 그러한 죄를 다루는 자신의 방법과 성경적인 관점에 차이가 있다면 무엇인지 나누십시오.

구원에 대한 성경적 이해

구원은 성경이 다루고 있는 중요한 주제입니다. 구원에 대한 다양한 해석은 구원이 얼마나 중요한 주제인지를 단적으로 보여 주며, 그래서 더욱 성경적인 관점이 필요하다고 할 수 있습니다.

구원에 대한 성경적인 이해가 필요한 이유는 구원이라는 주제가 말씀에 접근하는 올바른 관점과 인생을 바라보는 성경적인 관점을 제공하기 때문입니다. 실제로 구원에 대한 온전한 이해 없이는 온전한 말씀 묵상과 적용 자체가 불가능합니다. 뿐만 아니라 그리스도인의 삶을 어떻게 바라봐야 하는지에 대한 해답도 얻을 수 없습니다. 그러므로 구원이 무엇이며 구원이 왜 중요한 주제인가를 이해하기 위해서는 성경이 구원을 어떻게 설명하는지 이해해야 합니다.

구원에 대해, 이미 이루어진 사건이지만 삶을 통해 계속해서 이루어 가야 할 사건으로 해석하는 사람이 있는가 하면 구원을 이 땅에서의 삶과 무관하게 천국에서 확인해야 할 무엇으로 이해하는 사람도 있습니다. 또한 구원을 잃어버릴 수도 있는 것으로 이해하는 사람도 있고 반대로 어떠한 경우에도 결코 잃어버릴 수 없는 것으로 이해하는 사람도 있습니다.

❖ 구원에 대한 다양한 해석을 참고로 자신은 구원에 대해 어떻게 생각하고 이해하는지 나누어 보십시오.

❖ 구원에 대한 자신의 이해가 현재 자신의 삶에 어떠한 영향을 주고 있는지 나누어 보십시오.

구원에 대한 다양한 해석은 우리의 관심이 '구원의 여부'와 '구원의 확실성'에 집중되어 있음을 잘 보여 줍니다. 비록 다양해 보이지만 이러한 해석에는 한 가지 공통점이 있습니다. '구원의 목적'보다는 '구원에 목적을 둔' 해석이라는 것입니다. 물론 자신이 구원을 받았는지의 여부와 자신이 받은 구원이 확실한 것인가에 대한 관심은 당연하며 우리에게 중요한 문제입니다. 구원을 목적으로 볼 때 우리의 삶은 구원을 이루어 가는 과정으로 볼 수밖에 없으며 묵상과 적용 역시 삶의 다양한 문제를 구원의 여부 및 확실성과 연결해 이를 확인하는 데 중점을 두게 될 것입니다. 예를 들면 축복을 구원의 결과로 본다든지 고난을 구원의 여부와 연관해서 생각하며 삶에 접근하는 것을 말합니다.

하지만 구원에 대한 우리의 다양한 해석에도 불구하고 성경은 구원을 목적으로 설명하지 않습니다. 구원과 관련된 성경의 관심은 구원의 목적에 있습니다. 구원을 우리가 도착해야 될 목적지가 아니라 목적지에 도착하기 위해 반드시 거쳐야 할 출발점으로 설명한다는 것입니다. 구원받지 않으면 살 수 없는 삶이 있기 때문에 구원이 필요하다는 것입니다. 성경은 인생에 대해 구원을 이루어 가는 과정이 아니라 구원을 통해 허락하신 목적을 이루어 가는 과정으로 봅니다. 구원이 목적이 아니라면 구원을 허락하심으로써 우리의 삶을 통해 이뤄 가야 할 그 목적은 과연 무엇일까요?

❖ '네 번째 만남'에서 '믿음과 순종을 배우는 광야 학교' 부분을 다시 읽고 적용점을 찾아보십시오.

사명에 대한 성경적 이해

하나님은 창세전부터 우리의 인생을 향한 분명한 뜻과 계획을 가지고 계시며 자신의 계획에 따라 우리의 인생을 인도하고 만들어 가십니다. 우리의 뜻에 따라 변하지 않는 것이 하나님의 계획입니다. 때로는 우리의 인생을 아주 까다롭게 만지시는 이유 또한 우리 인생을 향한 하나님의 계획이 변하지 않기 때문입니다.

❖ 예레미야애가 3장 33절, 창세기 1장 28절을 읽으십시오.

인생을 향한 하나님의 계획은 축복입니다. 하나님이 인생을 축복하기 위해 허락하시는 것이 두 가지 있습니다. 첫 번째는 예수 그리스도를 통해 허락하신 '생명'입니다. 구원은 그리스도를 통해 허락하신 생명을 얻은 사건입니다. 하나님이 주시는 두 번째 축복은 '사명'입니다. 구원받은 그리스도인은 더 이상 생명을 위해 이 땅을 살지 않습니다. 사명은 그리스도인이 구원 이후의 삶을 살아가는 이유이며 구원을 허락하신 목적이기도 합니다. 그렇다면 사명으로 산다는 것이 의미하는 바는 정확히 무엇일까요?

❖ 빌립보서 1장 20~24절을 읽으십시오.

바울의 고백처럼 그리스도인은 세상과 천국 사이에 끼인 삶을 사는 자들입니다. 구원받은 그리스도인들은 천국과 영생에 대한 약속이 있는 자들입니다. 세상에서의 삶이 아무리 영화롭다 해도 천국에서 누릴 영광과는 비교할 수 없을 것입니다. 그렇다면 구원받은 자들이 왜 그런 영광스런 삶을 마다하고 세상에서 고난을 감수하는 삶을 살아야 합니까? 바울의 고백처럼 '차라리 세상을 떠나서 그리스도와 함께 있는 것'이 훨씬 더 좋은 일 아닙니까? 자신의 유익을 위해서라면 그렇게 하고 싶으나 육신으로 있는 이유에 대해 바울은 그것이 '너희를 위하여 더 유익하기 때문'이라고 고백합니다. '너희를 위해 유익한 삶'은 그리스도인들이 구원을 통해 영원한 생명을 얻고도 이 땅에서 살아야 하는 유일한 이유입니다. 사명으로 산다는 것은 나의 유익이 아니라 너희의 유익을 위해 사는 것을 의미하며 이것이 바로 우리에게 구원을 허락하신 이유입니다. 하나님이 주신 인생을 잘 살기 위해서 우리는 하나님의 자녀가 되어야 할 뿐 아니라 하나님의 일꾼으로 살아야 합니다.

❖ 고린도전서 9장 19절을 읽으십시오.

'자유'라는 단어는 하나님의 자녀라는 우리의 신분과 관련이 있습니다. 자유는 우리의 구원과 관련된 문제이며 생명과 관련된 문제이기도 합니다. 그리고 우리의 자유를 위해 오신 분이 예수님입니다. 구원을 잃어버릴 수 없듯이 자유는 어떠한 상황에서도 결코 잃어버릴 수 없는 것입니다. 그렇다면 자유로운 자이지만 종으로 산다는 것은 무슨 이야기입니까? 자유로운 동시에 종으로 산다는 것은 모순이 아닙니까?

'자유'가 하나님의 자녀라는 우리의 신분과 관련된 단어라면 '종'은 하나님의 일꾼이라는 우리의 사명과 관련이 있는 단어입니다. 이를 위해 오신 분이 성령님입니다. 바울은 스스로 자유롭지만 자신이 종으로 사는 이유에 대해 '사람을 구하기 위해서'라고 밝힙니다. '사람을 구하고자' 하는 목적을 가지고 이 땅을 사는 사람은 종으로 살 수밖에 없습니다. 많은 그리스도인이 구원을 통해 하나님의 자녀가 되었다는 사실에 만족하며 이 땅을 살아갑니다. 이처럼 '사람을 얻고자' 하는 목적보다는 자신의 유익을 위해 사는 사람들은 자신에게 주어진 자유로 하나님의 일꾼 된 종의 삶을 선택하지 않으며 구원을 얻고도 여전히 자기 인생의 주인이 되어 살아갑니다. 종으로 살지 않는다고 해서 하나님의 자녀라는 우리의 신분을 잃어버리는 것은 아닙니다. 하지만 이는 구원을 허락하신 목적과 상관없는 삶을 사는 것이며 하나님이 우리에게 허락하신 축복과 무관한 삶을 사는 것입니다.

❖ 고린도전서 9장 23절을 읽으십시오.

종으로 사는 자는 '더 많은 사람을 얻고자' 복음을 위해 모든 것을 행하는 사람입니다. 바울은 이처럼 복음을 위해 사는 이유가 '복음에 참여하고자 함'이라고 밝힙니다. '복음'이라는 동일한 단어를 썼지만 전자는 'gospel', 즉 구원의 복음(福音)을 의미하며 후자는 'blessing', 즉 축복을 의미하는 것으로 그 의미가 전혀 다릅니다. 바울은 '사람을 얻고자' 하는 사명을 위해 종으로 사는 것이야말로 축복에 참여하는 길이며 구원의 목적이라는 사실을 누구보다 잘 알았던 사람입니다.

구원이 "어떻게 그리스도인이 되는가?"의 문제를 다룬다면 사명은 "어떻게 그리스도인으로 사는가?"와 관련된 문제를 다룬다고 할 수 있습니다. '구원의 목적'이 아닌 '구원을 목적'으로 여기며 말씀을 대한다면 "어떻게 사명을 따라 살 것인가? 왜 나는 사명을 따라 살지 못하는가?"를 질문해야 할 말씀에 대해 구원과 연결해서 "내가 정말 구원받았을까?"를 고민하게 됩니다. 많은 이단들의 문제가 구원에 대한 잘못된 해석에서 비롯됩니다. 특히 구원과 사명에 대한 말씀을 제대로 이해하지 못한 데서 잘못된 해석이 시작됩니다. 구원에 대한 성경적인 이해는 이처럼 묵상과 적용을 완전히 다른 방향으로 이끌어 갈 뿐 아니라 우리의 신앙과 삶의 근간을 바꾸는 중요한 문제입니다.

아홉 번째 만남을 통해 묵상의 열쇠가 되는 주요한 주제인 율법과 구원, 사명에 대해 알아보았습니다. 아홉 번째 만남에서 배운 것을 다음 질문을 통해 다시 한 번 점검해 보십시오.

1. 율법과 관련해 나누었던 말씀에 접근하는 성경적인 태도는 무엇입니까?
2. 구원을 목적으로 두는 것과 구원의 목적에 주안점을 두는 것은 어떤 차이가 있습니까?
3. 사명을 따른 삶은 어떻게 사는 것을 말합니까?

【 과제 】

1. 아홉 번째 만남에서 공부한 내용을 복습하십시오.
2. 열 번째 만남을 예습하십시오.
3. 아홉 번째 만남을 통해 공부한 것들을 기억하며 한 주간의 큐티를 하십시오. 큐티하는 과정에서 생기는 질문이 있다면 큐티 노트에 기록하십시오.

묵상 클리닉(2)
– 말씀의 창으로 인생을 바라보십시오

성경은 희망의 창문이다.
그 창문을 통해 우리는 영원한 세계를 본다.
– 존 드와이트

'성경이 무엇을 다루고 있는가'를 제대로 이해한다는 것은 '성경이 무엇을 이야기하기 위해 그러한 내용을 다루고 있는가'를 이해한다는 말입니다. 이런 의미에서 성경의 이해는 성경이 다루려는 주제에 대한 이해라고 말할 수 있습니다.

성경은 다양한 주제를 다룹니다. 그리고 성경이 다루는 모든 주제는 중요합니다. 매일 주어지는 말씀을 통해 성경이 다루는 다양한 주제를 만나는 것이 큐티이지만 하루의 큐티를 통해 성경이 다루는 모든 주제를 만날 수는 없습니다. 매일의 큐티를 통해서 우리는 성경이 다루는 주제의 극히 일부를 만날 수 있을 뿐입니다. 물론 이런 문제는 지속적인 큐티를 통해 해결될 수 있습니다. 또한 평생을 말씀과 동행하는 삶 역시 말씀에 붙들려 하루를 살 수 있을 때 가능한 것입니다. 하지만 매일의 큐티가 이런 식으로 반복될 때 성경의 큰 흐름 속에서 말씀을 묵상하기보다는 성경에 대한 단편적이고 주변적인 이해만 늘어 갈 위험이 있습니다. 성경의 흐름에서 벗어난 큐티는 말씀을 통해 다루어야 할 인생의 문제는 제대로 다루지 못한 채 그날그날 자신에게 필요한 말씀을 구하는 것에 만족하는 자기중심적이고 이기적인 방향으로 흐를 것입니다. 이러한 큐티의 형태는 결국 우리로 하여금 인생의 주변만 맴돌며 제자리 뜀을 하게 만들고 이런 큐티를 통해서는 우리가 기대해야 할 변화와 성장을 경험하기 어려울 것입니다. 한꺼번에 많은 것을 다루기보다 적은 것이라도 다뤄야 할 것을 제대로 다루는 것이 중요합니다. 매일의 큐티를 통해 만나게 되는 성경의 주제들이 극히 제한적일지라도 제대로 다룰 수만 있다면 한 구절의 말씀을 통해서도 성경 전체를 품을 수 있으며 이를 통해 작지만 중요한 변화를 경험할 수 있습니다. 이런 변화와 성장을 통해 우리는 그리스도의 장성한 분량에 이르게 될 것입니다.

인생은 다양한 얼굴을 지니고 있다

인생은 다양한 얼굴을 가지고 있습니다. 이러한 인생의 다양한 면모를 어떤 관점으로 이해하느냐는 너무도 중요한 문제입니다. 삶의 방향을 결정할 뿐 아니라 삶을 채우는 것들이 달라지기 때문입니다. 그래서 우리에게는 인생을 바라보는 성경적인 관점이 필요합니다.

'너희의 유익을 위한 삶'이라는 그리스도인의 사명을 이해하는 것은 묵상과 적용을 올바른 방향으로 이끌어 가는 키(steering wheel)와 같습니다. 또한 사명에 대한 올바른 이해는 인생 가운데 허락하시는 것들을 성경적인 관점으로 바라볼 수 있게 해 줍니다.

축복을 바라보는 말씀의 창

하나님의 자녀에게 허락하시는 모든 것은 축복입니다. 하나님은 우리에게 복 주시기를 원하며 하나님의 자녀 된 자들이 하나님께 복을 구하는 것은 당연한 것입니다. 하지만 하나님께 복을 구하는 것에 대해 다양한 입장이 존재하는 것이 현실입니다.

❖ 하나님께 복을 구하는 것에 대한 자신의 생각을 나누어 보십시오.

❖ 여호수아 15장 16~19절을 읽으십시오.

갈렙의 딸 악사는 자신의 의지와 상관없이 아버지의 뜻에 따라 옷니엘과 결혼하게 됩니다. 악사의 입장에서는 어쩌면 억울할 수도 있는 결혼이지만 갈렙이 그녀의 배우자로 선택했던 옷니엘은 여호수아의 뒤를 이어 이스라엘의 첫 번째 사사가 되었던 사람입니다. 부모가 자녀에게 주는 것은 언제나 좋은 것이며 자녀는 부모의 뜻에 순종할 책임이 있습니다. 갈렙은 결혼하는 딸을 위해 남쪽 땅을 주었습니다. 아버지를 떠나며 악사는 또 다른 것을 달라고 갈렙에게 요구합니다. 샘물을 달라는 것이었습니다. 아무리 딸이지만 결혼했다고 자신만을 챙기는 악사가 얄미울 법도 합니다. 하지만 샘을 달라고 요구할 때 악사가 갈렙에게 했던 말이 무엇입니까? "아버지, 나를 축복해 주세요." 필요한 것을 달라고 요구하는 자녀를 염치없다고 여기는 부모가 어디 있겠습니까? 갈렙은 딸이 기대했던 것보다 훨씬 많은 것을 줍니다. 달라는 것보다 더 많은 것을 주려는 것이 부모의 마음이며 자녀가 부모에게 복을 구하는 것은 당연한 권리입니다. 복을 구하는 것은 당연한 권리일 뿐 아니라 자녀 된 도리를 다하는 것이기도 합니다.

❖ 민수기 27장 1~5절을 읽으십시오.

이스라엘 백성이 지파별로 기업을 분배하는 과정에서 '슬로브핫'의 딸들은 아버지에게 돌아가야 할 지분을 모세에게 요구합니다. 과거 이스라엘 백성이 탐욕으로 인해 하나님께 엄한 징벌을 당했던 예를 생각한다면 이들의 요구는 무모해 보이기까지 합니다. 하지만 하나님은 이들의 요구가 정당하다고 인정하십니다. 아버지의 지분을 요구했던 이유가 정당했기 때문입니다. 슬로브핫의 딸들이 아버지의 지분을 요구했던 이유는 땅에 대한 탐욕 때문이 아니라 그 지분에 아버지의 이름이 걸려 있었기 때문이었습니다.

❖ 사도행전 13장 21~22절을 읽으십시오.

이스라엘의 왕 다윗은 항상 '이새의 아들 다윗'으로 소개됩니다. 다윗을 빼놓고는 이스라엘의 역사를 이야기할 수 없을 정도로 다윗은 중요한 인물입니다. 하지만 다윗의 아버지 이새에 대해 아는 사람이 얼마나 될까요? 그럼에도 후대의 사람들이 이새의 이름을 기억하는 이유는 그의 아들이 이스라엘의 가장 위대한 왕 다윗이었기 때문입니다. 우리가 하나님께 복을 구해야 할 이유가 여기에 있습니다. 자녀가 누리는 복에 하나님의 이름이 걸려 있기 때문이며 사람들이 하나님의 이름을 기억하는 일은 자녀의 삶과 무관하지 않기 때문입니다. 그래서 복을 구하고 복을 누리는 것은 자녀 된 도리를 다하는 길이기도 합니다.

하나님께 복을 구하는 것은 자녀로서 당연한 권리이자 의무입니다. 하지만 그리스도인으로 이 땅을 살아가는 이유가 사명에 있음을 기억하지 못한다면 자녀의 권리와 의무를 오직 자신의 유익만을 위해 사용할 것이며 이러한 경우 우리의 관심은 축복의 종류와 크기만을 향하게 될 것입니다.

그리스도인은 삶의 목적이 '나의 유익'이 아닌 '너희의 유익'에 있는 자들입니다. 그래서 삶의 일면이라고 할 수 있는 축복 역시 사명이라는 관점에서 접근해야 하며 이를 위해 자신에게 축복을 허락하신 목적과 자신이 복을 구하는 이유에 대해 질문해야 합니다.

❖ 창세기 45장 17~24절을 읽으십시오.

❖ 본문의 내용을 요약해 보십시오.

❖ 본문의 내용과 주제를 이해하기 위해 다음의 질문에 답해 보십시오.
① 요셉의 형제들은 지금 어디를 향해 가고 있습니까?
② 요셉의 형제들이 향하는 가나안의 당시 상황은 어떠했습니까?
③ 요셉의 형제들이 가나안으로 가는 이유는 무엇입니까?
④ 요셉의 형제들이 가나안 땅으로 갈 때 무엇을 가지고 갔습니까?
⑤ 요셉의 형제들에게 주어진 재물은 어떤 목적으로 사용하기 위한 것일까요?
⑥ 요셉의 형제들이 가야 할 최종적인 목적지는 어디입니까?
⑦ 요셉의 형제들이 돌아와 살게 될 애굽은 어떤 곳에 비유할 수 있을까요?
⑧ 요셉이 형제들에게 가나안으로 가는 도중에 다투지 말라고 당부한 이유는 무엇입니까?

이 본문이 다루는 주제는 축복입니다. 요셉과의 만남을 통해 요셉의 형제들은 이미 구원을 경험했습니다. 하지만 축복의 땅 애굽에 머물지 않고 자신이 살던 가나안으로 다시 보냄을 받습니다. 요셉의 형제들이 가나안으로 향했던 목적은 그 땅에 정착하고 잘 살기 위해서가 아닙니다. 아버지를 비롯한 모든 식구를 데리고 애굽으로 돌아오는 것이 이 여정의 목적입니다. 왜 그래야 했습니까?

일반적으로 애굽을 세상의 상징으로, 애굽에 가는 것을 세상을 선택하는 불신앙의 결과로 해석하는 경향이 있습니다. 하지만 이러한 관점으로 애굽을 해석한다면 창세기 45장의 본문을 제대로 이해하기 어렵습니다. 본문을 이해할 때 단어가 가진 일반적인 의미도 중요하지만 본문에 따라 그 단어의 의미가 달라질 수도 있음을 기억해야 합니다.

당시 가나안은 기근으로 인해 내버려 두면 죽을 수밖에 없는 무덤과 같은 땅이었습니다. 시간이 흐른다고 결코 좋아질 수 있는 땅이 아니었습니다. 이에 반해 애굽은 소망과 생명의 땅입니다. 애굽으로 가야만 살 수 있습니다. 바로는 요셉의 형제들에게 '애굽의 좋은 땅'과 '나라의 기름진 것'을 약속했을 뿐만 아니라 '온 애굽 땅의 좋은 것이 너희 것'이라고 말합니다. 가나안에서 자신의 가족을 데리고 와서 애굽에 있는 모든 것을 누리며 사는 것이 요셉의 형제들에게 약속된 축복이었습니다. 이런 관점에서 가나안은 소망 없는 이 땅의 그림자이며 애굽은 천국의 그림자라고 할 수 있습니다. 물론 애굽에서 누릴 축복은 우리가 천국에서 누릴 축복으로 볼 수 있습니다.

요셉의 형제들이 가나안으로 가는 이유는 자신의 가족들과 애굽의 축복을 함께 나누기 위해서입니다. 가나안으로 갈 때 그들은 빈손으로 가지 않았습니다. 필요 이상의 많은 재물을 가지고 갑니다. 지금 그들의 목적은 가나안에 정착해 사는 것이 아닌데 이렇게 많은 재물이 왜 필요하며 바로는 왜 그들을 빈손으로 보내지 않았을까요?

요셉의 형제들이 만약 거지와 같은 몰골로 나타나 애굽의 축복과 바로의 약속을 전했다면 어떠했겠습니까? 아무도 그들의 말을 믿지 않았을 것입니다. 바로가 가나안을 향해 가는 요셉의 형제들에게 준 재물은 그들과 가족들이 함께 돌아갈 땅에서 누리게 될 축복의 증거였습니다.

요셉은 가나안 땅으로 가는 형제들에게 가는 도중에 서로 다투지 말라고 당부합니다(24절). 베냐민과 다른 형제들이 받은 축복의 분량이 달랐기 때문일 것입니다. 지금 내가 가진 것이 전부라고 생각하면 비교하고 다투게 됩니다. 필요 이상의 많은 재물이지만 지금 그들이 손에 쥔 축복은 애굽에서 누릴 축복의 그림자에 불과했습니다. 흉년으로 소망 없는 땅에 가서 자신의 축복을 그 땅의 사람들에게 전하는 것이 그들의 사명이었으며 그 땅의 소망 없는 자들을 애굽으로 데려오는 것이 그들에게 주어진 임무였습니다. 그래서 요셉은 형제들에게 서로 다투지 말라고 한 것입니다.

베냐민이 받은 것과 형제들이 받은 축복의 분량이 달랐던 것처럼 각자에게 동일한 분량의 축복이 허락되지는 않습니다. 하지만 하나님이 우리에게 주신 축복은 내가 얼마나 괜찮은 사람인지 증명하기 위해서가 아니라 축복이신 하나님을 증언하기 위해 주신 것입니다. 또한 지금 내가 가진 것이 축복의 전부가 아니며 내 손에 쥔 축복은 나를 위해 쓰라고 주신 것도 아닙니다. 이 땅에서의 축복은 하나님의 자녀가 된다는 것이 어떤 것인지 증언하도록 주신 것입니다. 가나안 땅처럼 죽음과 절망의 땅에서 고통받는 사람들을 천국으로 인도할 사명이 우리 손에 주어진 축복 가운데 있습니다.

축복만 바라보고 지금 손에 쥔 것을 전부라고 여기면 축복을 주신 이유와 사명을 잃어버리게 됩니다. 서로를 비교하며 하나님께 불평하게 됩니다. 축복은 우리가 아니라 다른 사람의 유익을 위해 쓰도록 주신 것입니다. 축복은 인생의 목적이 아니라 사명을 이루는 도구이자 통로입니다.

❖ 자신이 기대하는 축복과 하나님이 허락하신 축복에 대해 나누어 보십시오. 자신이 어떻게 축복을 이해하고 사용하는지, 어떻게 이해해야 하고 사용해야 할지에 대해서도 나누어 보십시오.

고난을 바라보는 말씀의 창

사명에 대한 올바른 이해는 인생 가운데 허락하시는 것들을 성경적인 관점으로 바라보게 합니다. 축복과 더불어 인생을 바라보는 성경적 관점이 필요한 것이 바로 고난입니다. 우리에게는 왜 고난이 있으며 우리가 경험하는 고난에 대해 성경은 어떻게 이야기하고 있을까요?

❖ 현재 자신이 경험하고 있는 고난에 대해 나누어 보십시오.

❖ 자신의 고난을 어떠한 관점에서 바라보는지 나누어 보십시오.

그리스도인이라고 해서 고난이 없는 것은 아닙니다. 하지만 세상 사람과 그리스도인이 경험하는 고난은 동일한 종류의 고난임에도 불구하고 고난이 주어진 이유 즉 고난의 목적이 다릅니다.

그리스도인에게는 두 가지 종류의 고난이 있습니다. 첫째는 우리가 그리스도인답지 않을 때 주어지는 고난입니다. 이 경우 고난의 목적은 우리를 그리스도인답게 만드는 데 있으며 이러한 고난을 통해 우리는 성장하고 성숙하게 됩니다. 흔히 '위장된 축복'이라고 말하는 고난이 여기에 해당합니다.

❖ 야고보서 1장 2~4절을 읽으십시오.

고난이 위장된 축복이라는 속성을 지닌 것은 맞지만 그렇다고 모든 고난을 위장된 축복으로 일반화하는 것은 성경적이지 않습니다. 왜냐하면 그리스도인이 경험하는 또 다른 종류의 고난이 있기 때문입니다. 그리스도인으로 우리가 경험하게 되는 또 다른 고난은 그리스도인다움을 잃지 않고 가장 그리스도인다울 때 오는 고난입니다.

❖ 마가복음 13장 9~13절, 요한일서 3장 13절을 읽으십시오.

그리스도인다울 때 겪는 고난은 나의 이름이 아닌 그리스도의 이름을 위해 겪는 고난이며 '나의 유익'이 아니라 '너희의 유익'을 위해 이 땅을 살아가는 우리의 사명과 관련된 고난입니다.

❖ 다니엘서 3장 1~30절을 읽으십시오.

❖ 본문 내용을 요약해 보십시오.

다니엘서 3장에는 풀무불 속에 던져진 다니엘의 세 친구에 대한 이야기가 나옵니다. 이 고난의 사건을 '시험'으로 보고 믿음을 불로 연단하기 위한 목적을 가진 '불 시험'이라는 관점으로 접근하는 해석을 어렵지 않게 만날 수 있습니다. 그럴 듯해 보이지만 이러한 해석은 본문을 무시한 자의적인 해석의 전형입니다. 본문을 이런 식으로 해석하는 것은 우선적으로 본문을 소홀히 다룬 결과라고 할 수 있습니다. 여기에 덧붙여 고난에 대해 성경적으로 온전한 관점을 가지고 있는지를 점검해야 하며 궁극적으로는 구원받은 그리스도인의 삶에 대한 성경적인 이해가 부족한 것은 아닌지도 따져 볼 필요가 있습니다.

다니엘의 세 친구들이 경험했던 고난이 믿음에 대한 시험과 연단을 목적으로 주어진 것이라는 내용은 본문 어디에도 언급되어 있지 않습니다. 그들이 왕의 목전에서 보였던 당당한 태도와 하나님에 대한 놀라운 믿음의 고백을 볼 때 과연 믿음의 연단을 위해 풀무불 속으로 들어가야 했는가 하는 의구심이 듭니다. 만약 시험과 연단이 필요했기 때문이라면 불을 통과한 이후 그들에게 달라진 것이 있어야 할 것입니다. 하지만 풀무불 속에 던져지기 전과 불 속에서 나온 후를 비교해 볼 때 그들에게는 아무런 변화도 일어나지 않았습니다(27절). 아무런 유익도 변화도 없는데 하나님은 도대체 왜 그들을 풀무불 속으로 던져 넣으셨던 것일까요?

기적 같은 사건이었음에도 불구하고 다니엘의 친구들에게 일어난 변화는 없었습니다. 하지만 이 사건을 통해 변화된 사람이 있었습니다. 바로 그들을 불에 던져 넣었던 왕이었습니다. "능히 너희를 내 손에서 건져낼 신이 누구이겠느냐"(15절)라며 협박하고 회유했던 왕이었지만 그들이 불에서 나온 이후 태도가 완전히 달라집니다. 그가 비웃었던 하나님의 구원을 찬송하게 된 것입니다(28절).

다니엘의 세 친구가 경험한 고난은 믿음의 성숙과 진보를 위한 고난이 아니었습니다. 자신들을 위해서라면 굳이 겪지 않아도 될 고난이었습니다. 이것이 바로 가장 그리스도인다울 때 겪는 고난입니다. 이는 내게 아무런 유익이 없지만 그리스도인이기 때문에 반드시 겪어야 하는 고난이며 '나의 유익'이 아니라 '너희의 유익'을 위해 이 땅을 살아가는 우리의 사명과 관련된 고난입니다. 다니엘서의 본문은 이처럼 축복이 아니라 사명이라는 관점에서 고난을 바라볼 때에만 온전하게 이해될 수 있습니다.

❖ 고린도후서 4장 7~12절 말씀을 읽으십시오.

그리스도인은 '사방으로 욱여쌈'을 당하고 '답답한 일'을 당하며 '박해'를 받고 '거꾸러뜨림'을 당하는 자들입니다. 바울은 이러한 고난의 이유를 보배와 질그릇의 관계로 설명합니다.

골방에서 수십 년씩 수련한 사람이 인생의 진리나 구원에 대해 이야기한다면 사람들은 그런 사람을 존경하며 박수를 보낼 것입니다. 하지만 세상 사람과 전혀 다를 바 없이 죄를 짓고 살았던 사람이 어느 날 갑자기 구원을 이야기하며 복음을 전할 때 사람들은 결코 박수를 보내지 않습니다. 오히려 조롱하고 손가락질하는 것이 당연합니다. 이것이 세상이 그리스도라는 보배를 담은 우리를 조롱하고 핍박하는 이유입니다. 우리가 보배를 담기에 합당하지 않은 질그릇이기 때문입니다.

그러나 성경은 비록 그리스도인이 세상에서 핍박을 당하지만 결코 망하지 않을 것이라고 말합니다. 왜 그렇습니까? 그 이유 역시 보배와 질그릇의 관계에 있습니다. 우리가 넉넉히 고난을 이길 수 있는 이유는 비록 질그릇 같은 존재이지만 그 안에 보배를 담고 있기 때문입니다. 질그릇의 능력이 아니라 보배의 능력이 고난을 이기는 힘이 됩니다.

그렇다면 보배를 담기에 합당한 그릇이 아님에도 불구하고 어떻게 질그릇이 보배를 담게 되었을까요? 불가능해 보이는 이 일이 가능한 이유는 보배가 깨어졌기 때문입니다. 우리를 위해 보배로운 그리스도의 몸이 십자가에서 깨어졌기 때문에 질그릇과 같은 우리가 보배를 담을 수 있게 된 것입니다. 보배가 주는 기쁨과 능력을 누리며 사는 것은 축복입니다. 그러나 우리가 이 땅을 사는 이유는 축복을 움켜쥐기 위해서가 아니라 축복을 나누기 위해서입니다. 어떻게 이것이 가능합니까?

보배가 깨어짐으로 질그릇에 담겼다면 보배가 전해지기 위해서도 마찬가지입니다. 질그릇이 깨어져야 합니다. '우리 살아 있는 자가 항상 예수를 위하여 죽음에 넘겨짐'(11절)을 당할 때 '사망은 우리 안에서 역사하고 생명은 너희 안에서 역사'하게(12절) 됩니다. 결국 그리스도인이 겪는 고난은 보배가 지닌 생명과 능력을 예수님을 모르는 '너희'에게 전하기 위해 질그릇과 같은 '우리'가 깨지는 과정입니다.

그리스도인이 이 땅에서 경험하는 모든 것은 사명과 관련이 있습니다. 축복과 고난 모두 우리의 사명을 위해 주어지는 것입니다. 고난을 나의 유익이라는 관점에서 성숙을 위한 것으로 본다 해도 결국 우리가 고난을 통해 성숙해야 할 이유가 어디에 있겠습니까? 그리스도인다운 삶을 살기 위해서입니다. 그리고 우리는 그리스도인다운 삶을 살 때 내가 아닌 너희의 유익을 위한 고난을 겪게 될 것입니다. 결국 고난이 주어지는 궁극적인 목적은 나의 유익을 위해서가 아니라 우리의 사명을 위해서입니다.

우리는 처음부터 사명이라는 거창한 목적을 두고 말씀을 묵상하고 적용하기에는 부족한 자들입니다. 그래서 큐티를 처음 시작하자마자 말씀을 통해 감당해야 할 사명과 만날 것이라고 기대할 수는 없습니다. 수영을 처음 배우는 사람이 접영부터 배울 수 없는 이치와 같습니다. 물에 뜨는 연습을 거쳐 물살을 헤치고 앞으로 나가게 되는 것처럼 말씀을 통해 하나님을 지속적으로 바라보는 훈련을 하는 과정 속에서 나를 깨뜨리시는 하나님을 만나게 되며 하나님이 계획하신 더 넓은 나를 만나게 될 것입니다. 그리고 자신이 세상을 살아가는 이유를 분명하게 만나게 될 것입니다. 나의 문제와 나의 소망에서 출발하지만 나로부터 출발해 나에게로 돌아오지 않고 너에게로 가는 과정이 큐티를 통한 변화이며 성숙입니다.

열 번째 만남을 통해 묵상의 열쇠가 되는 주요한 주제인 축복과 고난에 대해 알아보았습니다. 열 번째 만남에서 배운 것들을 다음 질문을 통해 다시 한 번 점검해 보십시오.

1. 축복에 대한 성경적 관점은 무엇입니까?
2. 고난에 대한 성경적 관점은 무엇입니까?

【 과제 】

1. 열 번째 만남에서 공부한 내용을 복습하십시오.
2. 열한 번째 만남을 예습하십시오.
3. 한 주간 동안 열 번째 만남을 통해 공부한 것을 기억하며 큐티하십시오. 큐티하는 과정에서 생기는 질문이 있다면 큐티 노트에 기록하십시오.

사랑은 끌림에 대한 정직한 반응이다.

끌리지 않는 것을 사랑할 수 없고 끌리지 않는 것에 대한 사랑의 고백은 위선이다. 그래서 사랑한다는 것은 자신의 끌림에 대한 정직한 고백이며, 사랑이 간절하다는 것은 그만큼 끌림이 크다는 의미다. 우리는 무엇에 끌리는가? 그리고 우리를 끄는 것들은 우리를 어디로 이끌어 가는가? 세상에 대한 사랑은 우리를 집착과 중독으로 이끌어 가지만, 하나님과 이웃에 대한 사랑은 거룩과 헌신으로 이끌어 간다. 본능적으로 세상에 끌리고 세상을 사랑할 수밖에 없는 우리에게 때로 주님의 말씀은 버겁다. 그러나 본능을 거슬러 사랑해야 할 것을 사랑할 때 우리는 거룩과 헌신을 즐거워하는 온전한 사랑에 이르게 된다. 큐티는 본능으로 사는 사람을 성령의 사람으로 변화시키며, 온전한 사랑에 이르게 하는 길이다.

PART 4

큐티,
제대로 열매 맺고 있습니까?

말씀과 삶은 큐티를 이루는 커다란 두 개의 축입니다.
삶은 말씀에 뿌리 내려야 하고 말씀은 삶 속에서 열매 맺어야 합니다.
또한 큐티는 삶 속에 주님의 교회를 세워 가는 일이라고 할 수 있습니다.
각자 다른 삶을 살지만 큐티를 통해 주님의 꿈을 공유하게 됩니다.

적용은 사랑에 이르는 길입니다

성경의 진리는 당신이 휘두르는 소유가 아니라
당신이 빚어내는 삶이다.
– 레너드 스윗

큐티는 말씀의 창으로 삶을 바라보는 것이며 말씀을 따라 매일의 삶을 사는 것입니다. 말씀과 삶은 큐티를 이루는 커다란 두 개의 축입니다. 삶은 말씀에 뿌리를 내려야 하고 말씀은 삶 속에서 열매를 맺어야 합니다. 묵상과 함께 적용이 강조되어야 할 이유가 여기에 있습니다.

적용은 결정하고 동행하는 것이다

적용은 '어디에 맞추어 씀'이라는 사전적 의미를 가지고 있습니다. 일반적으로 성경의 진리를 신앙과 삶에 연결하는 것을 적용이라고 합니다. 적용은 말씀이 인생과 관련해 답해 준 것들에 대해 올바른 태도로 반응하는 것입니다. 적용은 크게 묵상을 통해 붙든 말씀을 삶의 무대로 올리기 위한 '결정'과 말씀의 인도하심을 따르는 말씀과의 '동행'으로 나누어 생각할 수 있습니다.

❖ 잠언 16장 1~3절 말씀을 읽으십시오.

❖ 이 말씀 가운데서 우리가 해야 할 일과 하나님이 하실 일을 구분해 보십시오.

우리는 인생을 계획(마음의 경영, the plans of the heart)하고 계획한 것을 삶의 무대에서 실천하게 됩니다. 이러한 계획과 행함을 적용이라고 할 수 있습니다. 큐티의 적용은 세상의 경영과 유사한 점이 있습니다. 차이가 있다면 상황과 능력을 따라 결정하지 않고 말씀을 따라 결정한다는 것과 행함에 있어 노력의 대가를 얻는 것이 아니라 순종의 열매를 거두는 것에 있다고 할 수 있습니다. 신앙과 삶은 나눌 수 없습니다. 신앙은 삶의 태도를 결정하고 삶은 신앙을 반영하는 거울입니다. 적용은 삶의 태도를 결정하는 온전한 신앙을 구비하는 일이며 동시에 삶으로 신앙을 증명하는 일이기도 합니다.

말씀대로 적용하라

적용은 말씀을 통해 삶의 지평을 넓히고 세상 속에서 '너희의 유익'을 위해 그리스도인다운 삶을 살아가도록 하는 데 목적이 있습니다. 적용은 묵상을 통해 내 안에서 자라난 말씀이 삶 속에서 하나님의 축복이라는 열매를 맺게 하는 과정이기도 합니다.

❖ 야고보서 1장 22~25절을 읽으십시오.

말씀은 자신을 비추는 거울입니다. 우리는 묵상을 통해 말씀과 자신을 발견하게 됩니다. 하지만 말씀을 통해 자신의 모습을 깨닫고도 말씀이 삶을 주장하도록 하지 않는다면 이는 말씀이라는 거울에 자신을 비춰 보고는 곧 잊어버리는 것과 같습니다. 이러한 사람은 묵상을 통한 깨달음이 아무리 풍성하다 해도 말씀을 통해 얻어야 할 것을 얻을 수 없으며 말씀이 인생 가운데 이루고자 하는 것들과는 무관한 삶을 살게 됩니다. 말씀을 묵상하는 이유는 말씀대로 살기 위해서입니다.

묵상과 적용은 서로 밀접한 관계가 있습니다. 묵상과 적용은 서로를 통해 온전해집니다. 묵상을 강조하고 적용에 소홀하면 말씀은 풍성해져도 온전한 삶의 변화를 경험할 수 없습니다. 하나님과의 교제는 우리의 영혼에 그 가치를 따질 수 없는 유익을 주며 이를 통해 지속적인 내면의 변화와 성숙을 경험하게 합니다. 그러나 적용이 없는 묵상은 필연적으로 자신의 내면만을 지향하게 만듭니다. 자신의 내면만을 지향할 때 우리는 그리스도인으로서 이 세상에 존재하는 이유를 잃어버릴 수밖에 없습니다.

반대로 적용을 지나치게 강조해서 개인의 삶에 구체적으로 적용할 '적용거리'를 찾는 것에 큐티의 성패가 달렸다고 보는 것도 문제가 있습니다. 우리가 하나님 앞에 가져갈 수 있는 인생의 문제라는 것이 도대체 얼마나 되겠습니까? 우리가 하나님께 가져가는 문제, 말씀을 통해 답을 듣고자 하는 인생의 문제는 종류로만 따지자면 기껏해야 열 손가락으로 꼽을 정도에 불과합니다. 우리의 인생이 늘 문제로 둘러싸인 것처럼 보이는 이유는 문제의 종류가 다양해서가 아니라 단지 이러한 문제들이 번갈아 가며 찾아오기 때문입니다.

❖ 말씀 앞에 가져가는 자신의 문제들을 구체적으로 기록해 보십시오.

참으로 다양한 주제를 다루는 말씀을 접하면서도 적용은 늘 개인사, 가정사에만 머무는 사람들이 있습니다. 어떤 말씀을 묵상해도 그 말씀이 내 삶의 울타리 안에서만 의미를 가진다면 66권이나 되는 성경이 굳이 필요한 이유가 무엇이겠습니까? 이처럼 우리는 '자신의 삶'이라는 너무도 좁은 울타리 안에 말씀을 가두는 경향이 있습니다. '적용거리'를 찾는 큐티의 문제가 여기에 있습니다. 묵상과 적용을 통해 기대해야 할 것은 말씀이 아니면 볼 수 없는 삶의 이면을 봄으로써 삶의 저변을 넓혀 가는 데 있습니다. 적용이 없는 묵상은 공허하고 묵상이 없는 적용은 단조로울 수밖에 없습니다. 말씀과 삶 어느 것 하나도 소홀해서는 안 되며 어느 한쪽으로 치우쳐서도 안 되는 것이 큐티입니다. 묵상을 통해 자신을 붙드는 말씀을 만났다면 그 말씀을 따라 사는 적용의 과정이 필요합니다. 적용을 통해 우리는 하나님이 예비하신 풍성한 축복을 경험하게 될 것입니다.

말씀대로 적용한다는 것의 성경적 의미

적용의 기준은 '말씀'입니다. 자신의 상황과 능력을 고려해서 적절한 수준에서 결정하고 행하는 것이 아니라 묵상을 통해 붙든 말씀대로 결정하고 행하는 것이 적용입니다. 말씀대로 적용할 때 우리는 자신이 꿈꾸는 현실을 넘어 자신이 꿈꾸며 살아야 할, 하나님이 계획하신 풍성한 삶을 살게 됩니다. 그렇다면 '말씀대로' 적용한다는 것은 정확히 무엇을 의미할까요?

❖ 마태복음 5장 29~30절을 읽으십시오.

❖ 눈과 손으로 짓는 죄에 대해 어떻게 하는 것이 말씀대로 적용하는 것인지 나누어 보십시오.

본문에는 죄를 어떻게 다루어야 할지에 대한 적용 사례가 구체적으로 언급됩니다. 예수님은 "네 오른 눈이 너로 실족하게 하거든 빼어 내버리라", "네 오른 손이 너로 실족하게 하거든 찍어 내버리라"라고 명령하셨습니다. 주님은 진심으로 우리의 눈을 빼고 손을 찍어 내버리라고 말씀하신 것일까요? 그렇습니다. 주님은 분명히 그러한 의도로 말씀하셨습니다. 주님이 명령하신 대로 말씀을 적용한다면 우리 가운데 사지가 멀쩡할 사람은 한 사람도 없을 것입니다. 주님의 말씀대로라면 지옥에 던져지지 않고 천국에 들어가기 위해서는 몸이 열 개라도 부족할 것입니다. 하지만 주님이 명령하신 대로 몸의 일부를 잘라 내었다고 해서 우리의 문제가 해결될 수 있을까요? 죄를 어떻게 다루어야 할지에 대한 주님의 말씀이 틀린 것은 아니지만 몸을 잘라 낸다고 해서 문제가 근본적으로 해결되지 않는다는 데 우리의 고민이 있습니다. 그렇다면 어차피 해결할 수 없는 문제니 죄를 두려워하라는 말씀으로 이해하고 넘어가든지 아니면 십자가의 은혜를 의지해서 이제는 우리와 상관없는 말씀으로 이해하는 것이 최선일까요?

주님의 말씀은 네 눈이 너를 천국으로 인도할 수 없다면 그 눈은 네 몸에 붙어 있을 이유가 없다는 것입니다. 우리의 육신뿐이겠습니까? 물질과 시간, 건강과 환경을 포함해 우리에게 주어진 모든 것이 우리를 천국으로 인도하지 못한다면 무익하다는 말씀 아니겠습니까? 결국 이 말씀은 우리에게 주어진 것들을 어떻게 사용해야 할지 고민해야 하며 주어진 목적대로 사용해야 함을 말씀하신 것으로 이해해야 합니다. 이렇게 말씀의 의도를 이해한다면 주님의 말씀에 따라 몸의 일부를 잘라 낸 사람에 대해 말씀을 구체적으로 적용한 사람이라고 할 수 있겠습니까? 만약 이런 식으로 적용했다면 무엇이 문제일까요? 묵상을 제대로 하지 않은 것입니다. 말씀 묵상에 소홀하면 이처럼 자신은 열심을 다해 말씀대로 적용했다고 생각할지 몰라도 실제로는 말씀의 의도와는 다른 엉뚱한 적용을 하게 됩니다. 그래서 적용은 온전한 묵상을 바탕으로 해야 합니다.

❖ 자신에게 눈과 손으로 짓는 죄가 있다면 무엇인지 나누어 보십시오. 이러한 죄를 어떻게 다루고 있는지 그리고 어떻게 다루는 것이 옳은지 나누어 보십시오.

말씀대로 적용한다는 것이 반드시 문자적으로 적용하는 것을 의미하지는 않습니다. 온전한 묵상을 바탕으로 말씀이 의도하는 대로 행하는 것이 말씀대로 적용하는 것입니다.

적용의 세 가지 원칙 – 자유, 유익, 거룩함

'너희를 위해 유익한 삶'이라는 적용의 목적에 합당하게 '말씀대로' 결정하고 행하는 것이 적용입니다. 이를 위해 기억해야 할 적용의 원칙들이 있습니다.

1. 자유

새로운 생명은 구원을 통해 우리에게 허락하신 축복입니다. 하나님은 영원한 생명에 대한 약속을 통해 천국에 대한 소망과 함께 '죽기를 무서워하므로 한평생 매여 종노릇하는' 우리에게 자유를 선물로 주셨습니다(히 2:15). 구원은 하나님의 약속에 근거한 것이며 그 약속은 신실합니다. 그래서 구원에 대한 우리의 확신 여부와 무관하게 결코 잃어버릴 수 없는 것이 구원이며 구원을 통해 허락된 자유 역시 빼앗길 수 없습니다. 그래서 '자유'는 말씀을 적용하는 첫 번째 원칙이자 모든 원칙에 우선하는 본질적인 원칙입니다.

❖ 갈라디아서 5장 1절을 읽으십시오.

'자유'란 생각과 행동을 타인에게 구속받지 않는 것을 말합니다. 자신의 의지대로 결정하고 행할 수 있는 상태를 '자유롭다'고 말합니다. 그리스도인에겐 '자유'가 있기에 말씀 안에서 무엇을 결정하고 행하든 자유롭습니다. 그래서 두려움이나 억지가 아닌 주어진 자유를 따라 말씀을 적용해야 합니다.

'자유롭다'는 것은 일반적으로 '마음대로 살아도 좋다'는 것을 의미하지만 자신이 결정하고 행하기에 자유는 권리인 동시에 책임이기도 합니다. 그리스도인은 '자유롭기에' 무슨 일이든 마음대로 행하는 것이 가능하지만 '자유롭기에' 자유를 제대로 사용해야 할 책임이 있습니다.

❖ 갈라디아서 5장 13절을 읽으십시오.

❖ 말씀을 적용할 때 자유의 원칙을 따르는 것이 무엇을 의미하는지 나누어 보십시오.

❖ 갈라디아서 5장 16~24절을 읽으십시오.

자유를 육체의 기회로 삼을 위험이 늘 도사리고 있음에도 주님은 자유를 사용하는 일을 우리의 결정에 맡기셨습니다. 그래서 우리에게는 자유를 온전하게 사용할 수 있는 지침이 필요합니다. 또한 자유를 온전하게 사용하기 위해 필요한 것이 성령의 인도하심입니다. 자신의 욕심과 의지를 성령께 맡길 때에만 우리는 온전한 자유인으로 살 수 있습니다.

2. 유익

적용의 두 번째 원칙은 '유익'입니다. 우리는 '자유롭기에' 행함에 구속을 받지 않지만 '자유롭기에' 행함에 규범이 있어야 합니다. 뿐만 아니라 '자유롭지만' 구원 이후의 삶이 지녀야 할 분명한 목적으로 인해 그 자유를 유익의 원칙에 따라 사용해야 합니다.

❖ 고린도전서 6장 12절을 읽으십시오.

❖ '자유'와 '유익'이라는 원칙에 따라 흡연과 음주 등 세상의 잘못된 습관을 어떻게 다루어야 할지 나누어 보십시오.

교회에서 세상의 잘못된 습관을 금하는 이유는 이러한 습관으로 인해 구원을 잃어버릴 수도 있기 때문이 아닙니다. 모든 것이 가능하다 해도 모두 다 유익한 것이 아니기 때문에 자신에게 유익하지 않은 잘못된 습관을 금하도록 권면하는 것입니다.

❖ 고린도전서 8장 8~13절을 읽으십시오.

우상에게 바쳐진 제물을 먹는 문제로 고린도 교회 내에 분쟁이 생기자 바울은 그러한 음식을 먹는 일이 문제되지 않는다고 답합니다. 그리스도인은 음식을 먹는 일에 자유하며 우상에게 바쳐진 제물이라 해도 자신에게 해로울 것이 없다는 것입니다. 그럼에도 바울은 믿음이 약한 형제들이 이러한 모습을 보고 실족할 수 있기 때문에, 자신의 유익이라는 관점에서는 이것이 아무런 문제가 되지 않을지라도 형제의 유익을 위해 자신이 주장할 수 있는 자유를 포기하겠다고 말합니다. 교회에서 세상의 잘못된 습관을 금하는 이유는 자신에게 유익하지 않기 때문이기도 하지만 이를 통해 믿음이 약한 형제가 실족할 수 있기 때문입니다. 이처럼 유익이라는 원칙을 따라 말씀을 적용할 때 먼저 자신에게 유익한 것인지도 살펴야 하지만 자신의 유익뿐 아니라 형제에게 유익한 것인지도 따져 보아야 합니다.

❖ 고린도전서 9장 20~23절을 읽으십시오.

❖ 유익의 원칙에 따라 우리가 포기해야 할 세상의 습관들에 대해 구체적으로 나누어 보십시오.

3. 거룩함

적용의 세 번째 원칙은 '거룩함'입니다. '편의'와 '효율'이라는 측면에서 거룩함은 불편한 것일 수 있습니다. 그러나 하나님은 어떠한 경우에도 결코 '거룩함'을 양보하지 않으십니다.

❖ 레위기 10장 1~2절을 읽으십시오.

나답과 아비후의 죽음은 하나님이 '편의'와 '효율'에 '거룩함'을 양보하지 않으신다는 사실을 잘 보여 주는 사건입니다. 하나님은 거룩함을 양보하지 않으실 뿐 아니라 우리에게도 거룩함을 요구하십니다.

❖ 베드로전서 1장 6절을 읽으십시오.

세상 사람들은 죄와 심판, 지옥에 대한 이야기를 싫어하며 십자가에 못 박힌 그리스도를 전하는 것에 거부감을 느낍니다. 신앙의 원칙을 고집하는 것이 형제와 이웃을 불편하게 만들 수 있습니다. 형제와 이웃이 불편하게 여긴다는 이유로 형제와 이웃을 배려하고 복음을 효율적으로 전할 수 있다는 점을 들어 '죄와 심판, 지옥과 십자가'가 '상처와 치유, 회복과 축복'으로 변질된 것이 오늘날 교회의 현실입니다. 이와 같은 접근은 이웃과의 '평화'를 가져올 수는 있지만 대신 '거룩함'을 양보하는 결과를 낳게 됩니다. 이처럼 말씀을 적용할 때 '유익'과 '거룩함'이라는 원칙이 서로 부딪히는 경우가 있습니다.

❖ 야고보서 3장 17절을 읽으십시오.

평화에 양보할 수 없는 것이 거룩함입니다. 우리의 이웃에게 필요한 것은 진리의 복음이지 세상을 잘 사는 지혜가 아닙니다. 우리에게 세상을 구원해야 할 책임은 없습니다. 하지만 우리에게는 복음을 전해야 할 책임이 있습니다. 그리스도인에게는 세상 사람들이 듣고 싶은 이야기가 아니라 그들이 들어야 할 이야기를 전할 책임이 있습니다. 잘 전하는 것보다 제대로 전하는 것이 중요합니다.

❖ 이사야 32장 17절을 읽으십시오.

모두가 자신의 유익을 추구함으로써 공의가 사라진 곳에는 평화와 안전이 설 자리가 없습니다. 평화와 안전을 원한다면 우리가 추구해야 할 것은 하나님의 공의이며 평화가 아닌 거룩함을 좇는 것이 진정 형제와 이웃의 유익을 위하는 길입니다.

❖ 자신의 삶 속에 거룩함의 원칙을 적용할 영역이 있다면 무엇인지 구체적으로 나누어 보십시오.

사랑은 율법의 완성이다

말씀은 적용의 기준이며 '자유'와 '유익' 그리고 '거룩함'의 원칙에 따라 말씀대로 적용할 때 우리는 변화를 경험하고 말씀이 약속한 축복을 누리게 됩니다. 하지만 말씀대로 적용하는 것이 문자적으로 적용하는 것을 의미하지는 않습니다. 그렇다면 도대체 말씀대로 적용하는 것에 있어 정확한 기준은 무엇입니까?

말씀대로 적용한다는 것이 어디까지를 이야기하는지 애매할 때가 많습니다. 율법을 존중하는 것이 우리가 지녀야 할 올바른 태도이지만 율법을 지키는 것은 또 다른 차원의 문제입니다. 구약의 율법을 오늘날의 삶 속에서 어디까지 어떻게 적용하는 것이 말씀대로 적용하는 것일까요? 또한 신약에 기록된 신앙의 지침들은 어떻게 적용해야 할까요?

'온전한 십일조를 드리라'(말 3:10)라고 말씀하시는데 도대체 온전한 십일조의 기준이 무엇일까요? 세금을 내기 전의 수입을 기준으로 해야 합니까, 아니면 세금을 제하고 난 후의 수입을 기준으로 해야 합니까? "안식일을 기억하여 거룩하게 지키라"(출 20:8)라고 말씀하시는데 어떤 날을 안식일로 지켜야 하며 어떻게 하는 것이 안식일을 거룩하게 지키는 것입니까?

이처럼 말씀이 실제 삶과 부딪히는 경계에서 신앙과 관련된 많은 질문이 생겨납니다. 이러한 질문이 생기는 이유는 말씀대로 사는 것이 생각처럼 쉽지 않기 때문이며 말씀대로 산다는 것의 기준 역시 분명하지 않기 때문입니다. 말씀대로 적용하는 것이 현실적으로 가능한가를 따지기 이전에 말씀대로 적용하는 것에 대한 정확한 기준을 세우는 것 자체가 어려운 문제입니다. 그래서 말씀대로 적용한다고 하지만 우리의 적용이 말씀에 따른 온전한 적용이라고 보기 힘든 것이 사실입니다. 말씀대로 살아야 한다는 원칙과 말씀이 요구하는 것을 완벽하게 지켜 내기 힘들다는 현실 사이에서 우리는 결국 적당한 선에 타협하며 양쪽 가운데 어느 쪽으로 많이 기울어져 있는가를 따져 신앙의 성숙함을 가늠하는 것이 이 문제를 다루는 우리의 일반적인 태도입니다.

그러나 우리가 말씀대로 살아야 한다는 원칙과 말씀대로 지켜 내기 힘들다는 현실 사이에서 갈등하는 이유가 있습니다. 말씀대로 지킨다는 것을 "얼마나 정확히 말씀대로 지켰는가?"라는 관점에서 접근하기 때문입니다. 그런데 이런 식의 접근 방법은 율법 아래 있을 때 말씀의 적용을 이해하던 방식입니다.

❖ 로마서 6장 14절을 읽으십시오.

의인으로 기록된 인물들(아브라함, 노아, 롯, 욥 등)은 그들의 온전한 행실로 인해 의롭게 된 자들이 아닙니다. 인간적인 결함이 많음에도 불구하고 성경이 그들을 의인이라고 부르는 이유는 하나님이 그들을 의롭게 여기셨기 때문입니다. '칭의'는 은혜의 선물이지 결코 행위의 대가로 얻게 되는 것이 아닙니다. 우리 역시 '그리스도 예수 안에 있는 속량으로 말미암아 하나님의 은혜로 값없이 의롭다 하심을 얻은 자'(롬 3:24)입니다. 이로 인해 우리는 더 이상 '법 아래에 있지 않고 은혜 아래에 있는' 자들이 되었습니다.

은혜로 의롭다 여김을 받았고 은혜의 법이 삶을 지배한다면 말씀의 적용 역시 은혜라는 관점에서 접근하는 것이 성경적일 것입니다. 그리고 은혜라는 관점에서 이해할 때에만 말씀대로 살아야 한다는 원칙과 말씀이 요구하는 것을 완벽하게 지킬 수 없는 현실 사이에 존재하는 갈등을 풀어낼 수 있습니다. 그렇다면 어떻게 적용하는 것이 은혜의 관점에서 말씀을 적용하는 것일까요?

의로운 행위 때문이 아니라 '의롭다 여김을 받음으로' 의롭게 된 것이 은혜의 핵심인 것처럼 말씀의 적용에 있어서도 "우리가 얼마나 정확히 말씀대로 지켰는가?"가 아니라 "우리가 지킨 것을 말씀대로 지킨 것으로 여겨 주시는가?"라는 관점으로 접근하는 것이 은혜의 관점입니다. 삶의 현장에서 말씀대로 적용하는 것이 가능한 이유는 비록 우리에게 말씀대로 지킬 수 없는 연약함과 부족함이 있을지라도 말씀대로 행하고자 한 것을 말씀대로 지킨 것으로 여겨 주시는 하나님의 은혜 때문입니다.

우리의 행위에 대해 말씀대로 지킨 것으로 '여겨 주심'이 은혜인 것은 분명합니다. 그러나 모든 행위를 말씀대로 지켰다고 여겨 주시는 것은 아닙니다. 우리의 행위를 말씀대로 지켰다고 여겨 주시는 데는 분명한 기준이 있습니다.

❖ 갈라디아서 5장 14절을 읽으십시오.

우리의 행위를 말씀대로 지킨 것으로 여기시는 기준은 사랑입니다. 하나님이 '어떤 행위인가'를 판단할 때 중요하게 여기시는 것은 '어떤 동기에서 비롯된 행위인가' 하는 것이며 이때 행위를 온전하게 하는 동기가 바로 사랑입니다. 그래서 동일한 행위라 할지라도 사랑에서 비롯된 것만 말씀대로 행한 것으로 여기십니다. 이러한 관점에서 '사랑은 율법의 완성'(롬 13:10)입니다. 비록 율법의 기준에 미치지 못한다 할지라도 사랑으로 행한 것이면 말씀대로 행한 것으로 여기신다는 것입니다.

❖ 로마서 14장 15절을 읽으십시오.

사랑에서 비롯된 행위만 '진짜'이며 사랑으로 행한 것만 남습니다. 우리는 하나님이 아닙니다. 우리는 완벽하지 않으며 불완전할 수밖에 없는 존재입니다. 그래서 우리는 사랑이 필요한 존재이며 사랑은 불완전한 우리로 하여금 완전할 수는 없지만 완전하게 여김을 받도록 하는 유일한 길입니다.

큐티는 사랑을 배우며 사랑을 실천하는 과정입니다. 변화와 성숙을 통한 큐티의 궁극적인 목표는 사랑에 이르는 것이며 큐티는 사랑이신 그리스도에게로 가는 여정입니다. 사랑은 율법의 완성이며 적용의 완성일 뿐 아니라 큐티의 완성이기도 합니다.

잘못된 적용의 예

1. 해석을 적용으로 여기는 경우

말씀을 이해한 것과 적용은 다른 것입니다. 그러므로 깨달은 말씀이 삶으로 이어질 수 있도록 적용하는 과정이 필요한데도 해석을 적용으로 오해하는 경우가 종종 있습니다. 뿐만 아니라 감정적으로 체험한 것을 적용으로 오해하는 경우도 있습니다. 적용은 느낌과 생각에 머무는 것이 아니라 묵상한 말씀을 의지적인 결정과 행함의 차원으로 옮기는 것입니다.

2. 말씀과 무관한 적용

해석과 느낌을 적용으로 오해하는 것도 문제지만 잘못된 해석을 근거로 말씀과 무관한 적용을 하는 것도 문제입니다. 또한 말씀이 밝혀 주신 것보다는 자신의 관심을 따라 적용하거나 상식의 틀 안에서 말씀을 적용하는 경우도 있습니다. 삶을 변화시키는 적용은 상식적인 적용이 아니라 성경적인 적용입니다. 성경적인 적용을 위해서는 온전한 묵상이 필요하며 적용은 묵상을 통해 발견된 것을 근거로 해야 합니다. 잘못된 해석은 잘못된 적용을 가져올 수밖에 없습니다. 온전한 적용을 위해 말씀에 대한 이해에 문제가 없는지 스스로 혹은 나눔을 통해 함께 점검하는 시간을 갖도록 하십시오.

3. 추상적인 적용

적용은 구체적이어야 합니다. 추상적인 적용은 겉으로 보기에는 문제가 없지만 실제로 적용의 열매가 없습니다. 구체적인 적용이란 자신의 삶과 연결된 적용을 말합니다. 자신의 삶과 무관한 적용을 하지 않는지 수시로 점검하십시오. 열매가 없으면 마음이 상하는 법입니다(잠 13:12). 작은 것이라도 열매가 있는 적용이 삶에 변화를 가져옵니다. 그리고 작은 일에 충성하는 자가 큰일에도 충성하는 법입니다. 큐티는 작은 것에 충성하는 훈련입니다.

4. 무리한 적용

추상적인 적용뿐 아니라 적용에 대한 부담감 때문에 무리하게 말씀을 적용하는 것도 문제입니다. 때론 적용할 말씀을 제대로 붙들지 못할 때도 있고, 말씀을 묵상하고도 적용의 대상과 방법을 구체적으로 결정할 수 없을 때도 있습니다. 이럴 때 적용에 대한 부담감 때문에 무리하게 말씀을 적용하다 보면 자신과 무관한 적용이나 기계적이고 상투적인 적용을 하게 됩니다. 무리하게 말씀을 적용하기보다는 말씀을 따라 살 수 있도록 기도하십시오. 자신이 적용할 내용을 결정할 때보다 기대하지 못한 방법으로 삶을 인도하시는 성령의 역사를 경험할 수 있을 것입니다.

5. 합리화

적용이 늘 열매가 있는 것은 아닙니다. 말씀대로 결정하지만 말씀대로 사는 것 역시 쉽지 않습니다. 그래서 제대로 적용하지 못하거나 적용했지만 기대한 열매를 거두지 못할 때도 있습니다. 하지만 열매가 없다고 해서 실패한 적용이라고 할 수 없습니다. 실패한 적용이란 열매가 없는 적용이 아니라 아무것도 배우지 못한 적용입니다. 실패를 통해 배우지 못하는 가장 큰 이유는 실패의 이유를 자기에게서 찾지 않고 합리화하기 때문입니다. 실패에 대해 합리화하지 말고 실패를 통해 겸손하게 자신을 돌아보십시오.

6. 기도 없는 적용

기도 없이 말씀을 적용하는 것이 불가능한 것은 아닙니다. 하지만 기도 없는 적용은 성령의 인도하심보다는 자신의 의지와 노력을 따라가게 됩니다. 자신의 의지와 노력에 따른 '성공적인' 것처럼 보이는 적용보다 성령의 인도하심을 따른 '실패한' 것처럼 보이는 적용이 우리에게 유익한 적용이라는 사실을 기억하십시오. 적용한 내용을 하루의 삶 속에서 이루어 갈 수 있도록 성령의 인도와 보호를 구하며 기도하십시오.

열한 번째 만남을 통해 적용에 대해 알아보았습니다. 열한 번째 만남에서 배운 것을 다음 질문을 통해 다시 한 번 점검해 보십시오.

  1. 적용이 필요한 이유에 대해 나누어 보십시오.
  2. 적용의 원칙에 대해 나누어 보십시오.
  3. 적용할 때 주의할 점에 대해 나누어 보십시오.

【 과제 】
1. 열한 번째 만남에서 공부한 내용을 복습하십시오.
2. 열두 번째 만남을 예습하십시오.
3. 한 주간 큐티를 통해 묵상한 것과 적용한 내용을 큐티 노트에 기록하십시오.

:: Tip_거룩함의 원칙

본문 : 민수기 5~6장

거룩함은 큐티를 통해 이루어 가야 할 삶의 중요한 목표 중 하나입니다. 본문을 통해 거룩함의 원칙을 좇아 삶 속에 구체적으로 이루어 가야 할 거룩함의 내용이 무엇인지 살펴보겠습니다.

1. 몸의 거룩함

거룩함의 원칙을 따라 말씀을 적용할 때 첫 번째 고려해야 할 것이 몸의 거룩함입니다.

❖ 민수기 6장 3~4절을 읽으십시오.

거룩함을 서원한 나실인이 지켜야 할 첫 번째 규정은 몸을 거룩하게 하라는 것이었습니다. 하나님은 나실인의 서원을 한 자에게 포도나무의 소산을 먹지 말라고 명령하셨습니다. 포도주나 포도나무의 소산이 나쁜 것이기 때문에 금한 것은 아닙니다. 만약 포도나무의 소산이 나쁜 것이어서 먹지 말라고 하셨다면 서원한 기간이 끝난 후에도 금해야 할 것입니다. 하지만 나실인으로 서원한 기간이 끝난 후에는 포도주를 마시는 것이 문제가 되지 않으며 무방하다고 기록되어 있습니다(민 6:20). 포도나무의 소산을 먹지 말라고 하신 이유는 포도나무의 소산이 먹어서는 안 될 음식이어서가 아니라는 의미입니다. 문제는 포도나무의 소산 자체가 아니라 그것을 위험하게 여기지 않는 태도에 있습니다. 포도나무의 소산이 거룩함을 위협하지 않는다는 생각이 문제이며 이것이 포도나무의 소산을 먹지 말라고 명령하신 이유입니다.

외부로 그 위험이 드러난 것은 오히려 경계할 수 있기 때문에 덜 위험합니다. 문제를 일으키는 것은 우리의 삶 가운데 스며들어 결코 위험하다고 여겨지지 않는 것들입니다. 하나님은 삶 가운데 스며든 채 위험하게 여겨지지 않지만 실상 우리의 관심을 엉뚱한 곳으로 돌리게 하는 것을 삶에서 구별해 내라고 말씀하십니다. 거룩함은 구별하는 것입니다. 몸의 거룩함을 위해 자신을 부정하게 하는 것들을 구별하여 떼어 내는 과정이 필요합니다.

우리는 세상의 가치관이 담긴 세상의 문화를 위험한 것이라고 여기지 않습니다. 오히려 그것이 왜 위험하냐고 묻고 이러한 가치관을 좇아갑니다. 세상 속에 살면서 세상의 문화를 배척하고 등지고 살 수는 없습니다. 그러나 우리는 세상의 방식을 따라 죄와 사망의 길을 걸어가도록 부추기며 잘못된 가치관을 심어 줌으로써 결국 하나님과 대적하며 살도록 하는 세상의 일부가 되어서는 안 됩니다. 그래서 삶 속에서 몸을 거룩하게 구별하지 못하게 하고 이를 통해 헌신을 가로막는 잘못된 육신의 습관들을 떼어 내는 말씀의 적용이 필요합니다.

❖ 몸의 거룩함을 위해 삶 속에서 구별하여 떼어 낼 것들이 무엇인지 나누어 보십시오.

나실인이 지켜야 할 두 번째 규정은 삭도를 머리에 대지 말라는 것입니다. 머리털이 자라는 것은 나실인의 서약을 지키고 있다는 표시였습니다. 어떤 사람이 나실인의 서약을 했다면 머리털을 통해 누가 보아도 그가 나실인이라는 사실을 알 수 있었을 것입니다.

❖ 민수기 6장 5절을 읽으십시오.

우리에게는 몸의 거룩함을 위해 구별해야 할 것이 있고 또한 드러내야 할 것이 있습니다. 그리스도인이라는 사실을 숨기지 않고 누가 봐도 그리스도인이라는 사실을 알 수 있도록 그리스도의 향기가 드러나는 삶을 사는 것이 몸의 거룩함을 위한 말씀의 적용입니다. 우리가 그리스도인이라는 사실을 숨기는 이유가 있다면 손해 보기 싫고, 적당히 살 수 없기 때문일 것입니다. 그리스도인이라는 사실을 숨기고 얻고자 하는 것이 바로 거룩함을 포기하고 잘라낸 머리털입니다.

❖ 자신이 그리스도인이라는 사실을 숨기고 싶은 때는 언제입니까?

나실인이 지켜야 할 세 번째 규정은 시체를 접촉하여 부정하게 되는 것을 금하는 것이었습니다. 몸의 거룩함을 위해 가까이하지 말아야 할 것이 있다는 말씀입니다.

❖ 민수기 6장 6~8절을 읽으십시오.

하나님은 몸의 거룩함을 위해서 부모를 포함한 가족들이 죽은 때에라도 그 시체를 가까이하지 말라고 말씀하십니다. 나실인은 자녀와 가족으로서의 의무를 다하지 말라는 의미입니까? 이 말씀이 이해하기 어려운 이유는 부모의 시체라도 가까이하지 말라고 명하신 하나님이 동시에 부모와 가족에 대한 의무를 다해야 한다고 말씀하셨기 때문입니다. 하나님이 우리에게 불가능한 것을 요구하시는 것일까요? 거룩함은 불가능한 하나님의 요구일까요?

하나님의 명령을 지키는 것과 사람의 도리를 다하는 것이 양립할 수 없는 것처럼 여겨지는 이유는 의무라는 관점에서 바라보기 때문입니다. 하나님에 대한 의무와 사람에 대한 의무를 동시에 행해야 한다면 시체를 가까이하지 말라는 명령은 지키기 어려운 요구입니다. 하지만 우리가 가족의 죽음 앞에서 애통해하고 시체를 가까이하는 이유는 의무 때문이 아니라 사랑 때문입니다. 가족의 시체라도 가까이하지 말라는 말씀에 담긴 의미는 세상을 사랑하여 가까이하지 말라는 것입니다. 우리는 하나님과 세상 둘 다를 사랑할 수 없으며 둘 다를 선택하며 살 수 없습니다. 하나님은 우리가 두 마음을 품고 살 수 없다고 말씀하십니다. 부정한 것들을 용납하고 어울려 산다는 것은 하나님을 포기하는 것입니다. 세상을 사랑하면 세상으로 가까이 가고 하나님을 사랑하면 하나님께로 가까이 가게 되어 있습니다. 가까이하지 말아야 할 것을 가까이하지 않고 하나님을 향해 가까이 다가가는 것이 거룩함입니다.

그렇다면 어떻게 세상에서 멀어지고 하나님께 다가가는 삶을 살 수 있습니까? 먼저는 말씀과 기도를 통해서입니다. 하지만 이것으로 충분하지 않습니다. 내적인 관계뿐 아니라 세상 속에서 어떻게 하나님께 다가가는 삶을 살 것인가를 고민해야 합니다. 세상 속에서 우리가 하나님께 가까이 나아가는 방법은 무엇일까요? 구제입니다. 주님은 가난한 자와 함께하시며 가난한 자의 모습으로 우리를 찾아오십니다. 가난한 자에게 가까이 가는 것은 그들을 돕고 정의를 이루는 방법일 뿐 아니라 주님께 가까이 다가가는 거룩함의 방법입니다. 그래서 구제는 거룩함의 원칙을 따라 말씀을 적용하는 길이기도 합니다.

2. 관계의 거룩함

거룩함의 원칙을 따라 말씀을 적용할 때 두 번째 고려해야 할 것은 관계의 거룩함입니다.

❖ 민수기 5장 5~10절을 읽으십시오.

하나님은 이웃에게 죄를 범한 자에게 죗값을 온전히 치루라고 명령하십니다. 거룩함의 첫 번째 의미가 구별하는 것이라면 두 번째 의미는 정의를 회복하는 것이라 할 수 있습니다. 우리는 하나님에 대한 책임을 다하는 것만으로 거룩해지지 않습니다. 우리에게는 하나님에 대한 책임뿐 아니라 이웃에 대한 책임이 있습니다. 자신의 유익을 위해 사는 것은 세상의 방식입니다. 부요함이 곧 의가 되고 선이 되는 것이 세상의 가치관입니다. 하나님이 요구하시는 거룩한 삶의 방식은 자신의 유익이 아니라 의와 정의를 좇는 삶을 말하며 이것이 가나안과 같은 세상 속에서 우리가 따라야 할 삶의 방식입니다.

자신을 유익하게 하는 것 자체가 문제가 되는 것은 아닙니다. 축복을 구하고 축복을 누리며 사는 것 자체는 문제가 되지 않습니다. 하지만 다른 사람을 속이고 잘못된 방법으로 자기의 유익을 구하는 것은 죄입니다.

이스라엘 백성은 애굽이라는 세상에서 나와 다시 가나안이라는 세상으로 들어갔습니다. 하지만 세상에서 나올 때와 세상으로 다시 들어갈 때 그들은 다른 민족이 되었습니다. 하나님은 다른 사람을 괴롭히고 부정한 방법으로 유익을 취하는 삶을 당연하다고 여기는 세상에서 이들을 불러내어 다른 방식으로 살도록 훈련시키셨습니다. 세상은 달라지지 않았습니다. 변한 것은 그들이었습니다.

하나님은 세상의 방식을 변화시키는 것이 아니라 나를 변화시켜 다른 삶의 방식을 따라 살게 만드십니다. 거짓과 속임을 통해 유익을 추구하는 것이 아니라 정의를 좇아 유익을 구하도록 하십니다. 이를 통해 나만의 유익이 아니라 우리의 유익을 추구함으로써 우리 안에 속한 내가 유익을 누릴 수 있는 방법으로 살아가게 하십니다. 관계의 거룩함은 정의를 회복하는 것이며 이것이 우리를 축복하는 하나님의 방식입니다. 관계의 거룩함을 위한 말씀의 적용은 삶 속에서 실천해야 할 정의를 좇겠다는 결정과 그 결정에 따라 정의를 실천하는 삶을 말합니다.

3. 마음의 거룩함

거룩함의 원칙에 따라 말씀을 적용할 때 세 번째 고려할 것은 마음의 거룩함입니다. 일반적으로 마음의 거룩함은 거룩한 생각으로 마음을 채우는 것을 의미하지만 이것만으로는 충분하지 않습니다.

❖ 민수기 5장 11~16절을 읽으십시오.

남편이 아내의 부정을 의심할 때 취할 방법에 대해 설명한 이 본문은 아내의 부정만을 문제시하기에 여성의 입장에서 불공평해 보일 수 있습니다. 하지만 당시의 상황을 고려하면 반드시 그런 것은 아님을 알 수 있습니다. 여성은 당시 불리한 입장에 있는 약자였습니다. 남편의 결정이 곧 법이 되는 상황에서 남편이 부정하다고 몰고 가면 아내의 입장에서는 아무리 억울해도 억울함을 풀 방법이 없었습니다. 사람의 기준으로 문제를 판단하고 사람이 심판자가 되면 늘 약자가 피해를 입게 마련입니다. 남편이 아내의 부정을 의심할 때 하나님의 심판에 맡기라는 본문의 명령은 약자가 일방적으로 당하지 않도록 보호하시는 방법이며 약자의 억울함을 풀어 주는 하나님의 방법이라고 할 수 있습니다. 아내에게 만약 부정의 죄가 있다면 하나님 앞에서 결코 감출 수 없을 것이며 남편에게는 "네가 심판해서 네 방식대로 풀지 말고 하나님에게로 가져오라"라는 것이 이 명령의 핵심입니다.

하나님은 우리의 숨은 죄를 드러내시는 분입니다. 동시에 깨어진 믿음의 회복은 하나님이 심판자가 되실 때에만 가능합니다. 마음의 거룩함은 숨겨진 죄가 드러나고 믿음을 회복함으로써 이루어지며, 믿음을 회복하여 믿음으로 사는 것을 의미합니다. 거룩한 삶의 방식은 힘과 능력으로 사는 것이 아니라 믿음으로 사는 것입니다. 이전 삶의 방식은 내가 삶의 주인이 되는 것이었습니다. 하지만 거룩한 삶의 방식은 하나님이 내 삶의 주인이 되시는 것입니다. 이것이 세상 속에서 세상과 구별된 삶을 사는 그리스도인이 추구해야 할 삶의 방식입니다. 따라서 마음의 거룩함을 위한 말씀의 적용이란 매일의 삶 속에서 믿음으로 결정하고 행하는 것을 의미합니다.

❖ 약자를 향한 자신의 태도는 하나님에 대한 나의 태도를 반영하는 거울입니다. 약자에 대한 자신의 태도를 점검해 보십시오.

4. 시간의 거룩함

거룩함의 원칙을 따라 말씀을 적용할 때 네 번째 고려해야 할 것은 시간의 거룩함입니다. 그리스도인에게는 매일을 거룩하게 할 책임이 있습니다. 그렇다면 우리는 어떻게 시간을 거룩하게 할 수 있을까요?

❖ 민수기 6장 8절을 읽으십시오.

나실인은 일정한 기간 동안 세상의 즐거움이나 부정한 것으로부터 구별된 삶을 사는 사람입니다. 거룩함이란 구별하는 것이며 섞지 않는 것입니다. 하지만 거룩함은 무조건 구별하는 것이 아닙니다. 하나님을 위해 구별하는 것이 거룩함입니다. 그래서 하나님을 위해 몸을 사용하는 것이 몸을 거룩하게 하는 방법이 됩니다.

시간의 거룩함도 마찬가지입니다. 하나님을 위해 사용하는 시간이 거룩한 시간입니다. 시간을 거룩하게 하는 것은 우리가 그 시간을 구별했기 때문이 아닙니다. 시간을 거룩하게 하시는 분은 내가 아니라 하나님입니다. 하나님이 시간을 주장하실 때 그 시간은 거룩하게 됩니다. 다시 말하면 예배드리고 기도하는 구별된 시간만이 우리를 거룩하게 하는 것이 아니라 세상에서 우리의 삶을 하나님이 주장하실 때 모든 시간이 거룩하게 된다는 것입니다. 우리는 주어진 시간을 온전하게 사용할 책임이 있습니다. 시간을 구별하여 묵상과 기도를 통해 하나님과 깊이 교제하는 것은 세상에서의 시간을 거룩하게 사용하기 위해서입니다. 그래서 먼저 구별된 시간을 갖는 것입니다. 그래야 우리에게 주어진 모든 시간을 온전하게 사용할 수 있게 됩니다.

❖ 민수기 6장 20절을 읽으십시오.

나실인으로 구별된 시간이 지나면 서원한 기간 동안 금지되었던 포도주를 마셔도 무방합니다. 포도주가 사람을 거룩하게 하거나 부정하게 하는 것이 아니라는 의미입니다. 어떤 행위가 우리를 거룩하게 하거나 부정하게 하는 것이 아닙니다. 거룩함이란 '무엇을 취하느냐'가 아니라 '누가 취하느냐'에 달린 것입니다. 죄인의 손에 붙들린 것은 죄의 도구로 쓰일 수밖에 없습니다. 하지만 동일한 것이라 해도 거룩한 사람의 손에 붙들린 것은 축복과 은혜의 도구로 쓰임 받게 됩니다. 하나님의 자녀가 사용할 때 잘못 쓰임 받는 세상의 것들이 제자리를 찾을 수 있습니다. 세상의 것을 거룩하게 만들기 위해 먼저 거룩한 자로 구별되어야 합니다. 그래야 세상의 것을 구속할 능력을 지니게 됩니다. 이것이 하나님이 우리에게 거룩함을 요구하시는 이유입니다.

나눔을 통해 풍성한 열매를 맺습니다

고난 가운데서 소망을 나누는 것은
상대방의 영적 혈관에 삶을 바꾸는 진리를 주입하는 것이다.
– 조니 에릭슨 타다

예수님의 꿈은 교회였습니다. "내가 이 반석 위에 내 교회를 세우리니 음부의 권세가 이기지 못하리라"(마 16:18). 주님은 지금도 그리스도를 주로 고백하는 모든 사람의 삶 '속에' 자신의 몸 된 교회를 세워 가십니다. 또한 주님은 그리스도를 주로 고백하는 모든 사람의 삶을 '통해' 교회를 세우십니다. 개인적인 경건 생활이라고 할 수 있는 큐티는 개인의 삶 속에 주님의 교회를 세워 가는 일이라고 할 수 있습니다. 각자 다른 삶을 살지만 큐티를 통해 사람들은 주님의 꿈을 공유하게 됩니다. 주님은 이런 사람들이 말씀을 나누고 삶을 나누는 교제의 자리인 나눔을 통해 건강한 교회의 성장을 이루어 가십니다.

정기적인 큐티 나눔의 시간을 가지라

큐티 나눔은 한 교회 혹은 지역에서 큐티하는 사람들이 정기적으로 모여 큐티를 통해 얻은 은혜를 나누며 함께 교제하는 것을 말합니다. 나눔은 '자신의 소유를 내어 줌으로써 서로의 필요를 채우는 행위' 또는 '어떤 대상을 공동으로 사용하는 행위'를 말합니다. 이런 의미에서 큐티 나눔은 큐티를 통해 얻게 된 많은 유익을 자신만의 것으로 여기지 않고 서로를 위해 내어놓고 함께 공유하는 것으로 이해할 수 있으며 '너희의 유익을 위해' 이 땅을 사는 그리스도인이 그 삶의 이유를 실천하는 출발점으로 볼 수 있습니다.

큐티를 통해 개인적으로 깨달은 내용들과 말씀의 적용 그리고 이를 통해 경험하게 된 변화를 나누는 것이 큐티 나눔입니다. 큐티 나눔은 각자 다른 환경 속에서 살지만 동일한 말씀으로 큐티하는 사람들에게 하나님이 어떻게 역사하시는지 볼 수 있는 장입니다. 나눔에 참여한 사람들은 이를 통해 동일한 하나님의 다양한 역사와 다양한 사람들 가운데 일관되게 행하시는 하나님의 역사를 경험하게 됩니다.

❖ 큐티 나눔의 이해와 필요성에 대한 개인적인 생각을 나누어 보십시오.

큐티 나눔의 목적은 양육과 훈련이다

큐티 나눔의 목적은 양육과 훈련에 있습니다. 큐티 나눔이 일반적인 양육의 과정과 다른 점이 있다면 친밀함을 바탕으로 한 양육이라는 점입니다. 그래서 친교와 교제가 중요한 부분을 차지합니다. 하지만 나눔은 자신의 한(恨)이나 고민을 풀어 놓는 자리가 아니며 같은 고민을 공유하거나 문제를 상담하는 자리 역시 아닙니다. 친교와 교제가 중요하지만 나눔이 단순히 친교와 교제만을 목적으로 하지 않는다는 것 또한 분명히 기억할 필요가 있습니다. 나눔의 목적은 헌신된 그리스도의 제자를 양육하는 데 있습니다.

헌신된 그리스도의 제자를 양육하기 위해 먼저 치유와 회복의 과정이 필요합니다. 나눔에 참석한 사람들은 다른 사람과의 큐티 나눔을 통해 고난과 문제로 인해 자신의 삶 속에서 의심하고 오해했던 주님의 사랑과 능력을 확인하게 됩니다. 또한 기쁨과 슬픔을 공유하는 사람들을 통해 주님의 마음을 이해하게 됩니다. 이러한 과정 속에서 일어나는 것이 치유와 회복입니다.

헌신된 그리스도의 제자를 양육하기 위해 치유와 회복의 과정과 함께 필요한 것이 배움과 훈련의 과정입니다. 지속성과 투명성 그리고 균형은 큐티를 통한 변화와 성장을 위해 필요한 세 가지 요소입니다. 함께 큐티하는 사람들과의 정기적인 모임과 이를 통한 나눔은 건강한 큐티를 위해 필요한 이러한 요소들을 훈련할 수 있는 가장 좋은 길입니다. 나눔은 큐티의 세 겹줄과도 같습니다(전 4:12). 나눔은 개인의 큐티를 건강하게 할 뿐 아니라 실제 삶 속에서도 큐티를 통해 훈련한 '지속성, 투명성, 균형'의 원칙을 따라 살아가게 합니다.

헌신된 그리스도의 제자를 양육하는 것이 나눔의 일차적인 목표이긴 하지만 이러한 양육의 목표는 결국 세상으로 보내심을 받은 사도적인 삶을 사는 그리스도인을 세우는 것으로 연결됩니다. 이런 측면에서 나눔을 통한 양육과 훈련은 사역과 운동을 지향하게 됩니다. 건강한 나눔이 이뤄지는 모임을 세워야 할 필요가 여기에 있습니다.

❖ 개인적으로 큐티 나눔이 필요한 이유에 대해 나누어 보십시오.

예배, 교제, 양육, 사역이 있는 큐티 나눔방

큐티 나눔을 위한 모임은 교회와 지역을 기반으로 한 소그룹 모임입니다. 이러한 소그룹 모임을 '큐티 나눔방'이라고 지칭합니다. 큐티 나눔방의 성격은 크게 다음의 네 가지 영역으로 구분할 수 있습니다.

1. 예배

예배는 모임의 크기와 상관없이 모임의 성격을 규정하는 중요한 요소입니다. 나눔방은 찬양과 기도, 말씀을 나누는 예배 공동체입니다. 그래서 큐티 나눔의 내용뿐 아니라 큐티 나눔이 전체적으로 하나님께 드려지는 예배가 될 수 있도록 나눔의 순서와 방법에도 관심을 둘 필요가 있습니다.

2. 교제

소규모로 모임을 갖는 가장 중요한 이유는 대규모 모임에서 일어나기 힘든 친밀한 교제가 가능하기 때문입니다. 교제를 통한 친밀감의 형성은 일방적으로 주고받는 관계를 벗어나 서로에 대한 헌신을 가능하게 합니다.

3. 양육

나눔방에서의 양육은 일반적인 소그룹 모임과 달리 리더가 참석한 사람들을 일방적으로 가르치는 형태로 진행되지 않습니다. 큐티 나눔이라는 방법을 통해 치유와 회복, 배움과 훈련 등의 양육이 진행되는 곳이 나눔방입니다.

이러한 양육의 성격으로 인해 나눔방에서는 인도자의 역할이 중요합니다. 인도자는 성경에 대한 지식과 이해뿐 아니라 참석한 사람들이 지닌 다양성에 대해서도 이해해야 합니다. 또한 그런 다양성에도 불구하고 모임을 통해 공유해야 할 공통적인 관심사에 집중할 수 있도록 인도해야 합니다. 교제와 친교 위주로 모임이 진행되지 않도록 조정하는 것 역시 인도자의 역할입니다. 인도자에 대한 구체적인 이해는 '인도자의 크기만큼 자라는 나눔방' 및 '인도자에게 요구되는 일곱 가지 덕목들' 부분을 참고하십시오.

4. 사역

양육과 훈련은 사역과 운동을 지향하게 됩니다. 사역은 크게 나눔방 내에서 이루어지는 사역과 나눔방 밖에서 이루어지는 사역으로 구분할 수 있습니다. 나눔방 내에서 이루어지는 사역은 나눔방에서 실제로 큐티를 훈련하고 큐티 나눔을 통해 나눔에 참여한 사람들의 신앙과 삶을 건강하게 세우는 것입니다. 나눔방 밖에서 이루어지는 사역은 큐티와 나눔방을 소개하고 나눔방에 참석하는 사람들에게 주신 주님의 비전에 따라 구제와 봉사 등의 헌신을 실천하는 것이라 할 수 있습니다.

❖ 자신이 참여하는 큐티 나눔방이 어떤 성격을 띠는지 나누어 보십시오. 또한 자신의 나눔방에서 보완할 점이 있다면 무엇인지 나누어 보십시오.

큐티 나눔의 원칙들

1. 나눔에는 정답이 없습니다.

나눔은 개인적으로 큐티한 내용과 그 말씀대로 적용한 삶을 나누는 것입니다. 말씀 속에서 삶의 문제에 대한 정답을 찾는 것이 큐티가 아닌 것처럼 나눔은 자신이 해결하지 못한 정답을 찾기 위해 필요한 것이 아닙니다. 각자의 다양한 삶 속에서 만난 말씀을 나누며 서로가 다른 삶을 살아가지만 동일하게 역사하시는 말씀의 능력을 확인하는 자리가 나눔방입니다.

2. 비교하거나 판단하지 말아야 합니다.

나눔에는 정답이 없습니다. 그래서 비교하거나 판단하지 않고 서로에게 귀와 마음을 열어 두는 것이 중요합니다. 나눔과 교제를 통해 자신과 다른 모습을 서로에게서 발견하게 되는데 그때가 오히려 새로운 하나님을 발견하고 자신의 감추어진 모습을 발견할 수 있는 기회가 될 수 있습니다. 비교하거나 판단하지 말고 교제의 자리에 함께한 사람들을 존중할 때 서로를 통해 배울 수 있습니다.

3. 나눔은 투명해야 합니다.

자신의 삶을 열어 보인다는 것은 쉬운 일이 아닙니다. 또한 잘못한 것은 감추고 잘한 것만을 내보이려는 것이 우리의 본성입니다. 하지만 실제로 큐티하며 말씀을 제대로 이해하기란 어려운 일이며 말씀대로 산다는 것은 더더욱 쉽지 않은 일입니다. 말씀을 제대로 묵상하지 못해 엉뚱하게 적용하는 경우도 많고 또 적용하기로 결정한 것을 제대로 실천하지 못할 때도 많습니다. 그런데도 제대로 묵상한 이야기, 제대로 적용한 이야기만을 나누려 한다면 나눔의 자리가 부담과 의무로 다가올 것입니다. 나눔은 투명해야 합니다. 이를 위해 교제의 자리에서 실수와 허물까지 자연스럽게 나눌 만큼 친밀한 관계 형성이 중요합니다.

4. 나눔이 자랑이 되지 않게 해야 합니다.

나눔이 투명하다는 것은 정직하게 나의 삶을 나눈다는 말입니다. 실수와 허물을 투명하게 나눌 수 있어야 하며 나눔이 자기 자랑이 되지 않도록 경계해야 합니다. 나눔은 우리의 연약함을 이해하는 토양입니다. 나눔의 자리는 잘한 것뿐 아니라 잘못한 것도 나눌 수 있는 토양이 되어야 합니다. 투명한 나눔을 통해 우리는 서로를 이해하고 위로하며 또한 격려함으로써 함께 지어져 가는 그리스도의 몸으로 자라나게 됩니다.

5. 서로에 대한 책임을 감당해야 합니다.

서로에 대한 신뢰가 없다면 정직할 수도, 투명할 수도 없는 것이 나눔입니다. 개인의 고민과 문제를 모임 안에서 다룰 때 비밀을 지켜 주고 서로의 책임을 다해야 나눔이 더욱 투명해지고 깊어지게 됩니다. 많은 조언보다 한마디의 기도가 서로에 대한 책임을 다하는 길이라는 사실을 기억하십시오.

❖ 개인적으로 나눔에 참여하기 힘든 이유가 있다면 무엇입니까?

인도자의 크기만큼 자라는 나눔방

나눔이 제대로 이루어지기 위해서는 인도자의 역할이 중요합니다.

1. 큐티에 대해 잘 이해해야 합니다.

인도자는 먼저 큐티에 대해 잘 이해해야 합니다. 인도자가 큐티에 대해 이해하지 못하면 나눔이 성경 공부로 흘러가거나 개인의 넋두리를 늘어놓는 장으로 변질될 수 있기 때문입니다. 특히 인도자는 큐티의 목적이 어디에 있는지를 분명히 알아야 합니다. 큐티의 목적은 변화에 있으며 큐티를 통한 변화를 위해서는 시간과 훈련이 필요합니다. 따라서 인도자는 함께한 사람들이 지속적으로 큐티를 할 수 있도록 도와야 할 책임이 있습니다. 인도자는 나누기 위해 큐티를 하는 사람은 없는지, 나눔이 형식적으로 흘러가지는 않는지 살피며 온전한 나눔이 이루어질 수 있도록 인도해야 합니다.

2. 각 사람의 필요를 잘 이해해야 합니다.

인도자는 함께한 사람들의 필요를 이해하는 것이 중요합니다. 나눔에 참석한 각 사람의 배경에 대한 이해가 없다면 나의 이야기가 다른 사람에게 상처를 줄 수도 있기 때문입니다. 그러나 사람들의 필요만을 채우는 것이 나눔의 목적은 아닙니다. 그래서 인도자는 사람들의 필요를 이해함과 동시에 모임 중에 무엇을 말해야 할지 정확히 알아야 합니다. 문제의 치유와 회복을 경험하는 것도 중요하지만 그보다 문제 속에서 하나님을 지향해야 함을 인도자가 알지 못하면 나눔은 늘 삶의 주변만을 건드린 채 끝날 것입니다. 인도자는 참석자들이 개인적인 삶의 문제에 대한 해답을 얻는 것이 아니라 궁극적으로 하나님을 아는 지식으로 나아가도록 도와야 합니다. 인도자는 질문을 통해 또는 개인적인 경험을 나눔으로써 참석자들에게 끊임없이 하나님을 바라보도록 인도해야 합니다.

3. 균형을 잃지 말아야 합니다.

인도자는 나눔이 말씀이나 삶 어느 한쪽으로 편중되지 않도록 참석자들을 인도해야 합니다. 묵상만 강조하며 말씀을 나누는 데만 치중하거나 적용만 강조하는 것 모두 나눔을 건강하지 못하게 합니다. 인도자는 묵상과 적용이 균형을 이루도록 나눔을 인도해야 합니다. 이 말은 참석자들이 삶 속에서 각자가 만난 말씀을 공유해야 하며 동시에 말씀이 자신의 제한된 관심을 어떻게 변화시켰는지 나누어야 한다는 것입니다. 인도자는 참석자 모두가 큐티를 해 오도록 요구하는 것은 물론 건강한 나눔이 될 수 있도록 참석자들에게 나눔의 원칙을 가르쳐야 합니다.

인도자에게 요구되는 일곱 가지 덕목들
나눔에 있어 인도자에게 요구되는 것은 완벽함이 아니라 성숙함입니다.

❖ 베드로후서 1장 5~7절을 읽으십시오.

성숙한 인도자란 스스로 그리스도를 닮아 가며 나눔에 참여한 사람들이 그리스도를 닮아 가도록 돕는 역할을 하는 인도자라고 정의할 수 있습니다. 이와 같은 인도자의 역할을 담당하기 위해 요구되는 덕목이 있습니다.

1. 정직

정직이란 겉과 속이 같은 것을 의미합니다. 정직은 나눔의 투명성을 위해 필요한 덕목이며 형식적인 나눔이 되지 않기 위해 인도자뿐 아니라 참석자 모두에게 요구되는 덕목이기도 합니다. 인도자가 투명하게 자신을 드러낼 때 모임에 함께한 사람들이 투명해집니다.

2. 절제

나눔에 있어서 절제란 참고 아끼는 것이라기보다는 마음이 나뉘지 않고 집중하는 것을 의미합니다(고전 9:25). 절제는 나눔이 일방적으로 치우치거나 몇몇 사람에게 편중되는 것을 막기 위해 모임에 참석한 모두에게 요구되는 덕목이기도 합니다. 인도자는 잘 가르쳐야 한다는 부담이 있기 마련입니다. 이러한 부담은 인도자가 나눔을 주도하는 형태로 나타나게 됩니다. 인도자는 참석한 모두에게 각자의 삶을 나눌 기회를 주고 참석자들이 나눔의 주제에 충실할 수 있도록 인도해야 합니다.

3. 겸손

절제를 위해 갖추어야 할 덕목이 겸손입니다. 성경적인 겸손은 낮은 자리에 가는 것만을 의미하지 않습니다(눅 14:7~11). 하나님이 정해 주신 자리를 지키며 자신이 해야 할 역할을 충실히 감당하는 것이 겸손입니다. 그래서 인도자는 자신의 역할에 대해 충분히 이해해야 할 필요가 있으며 참석한 사람들이 나눔방에서뿐 아니라 삶의 자리에서 자신의 역할과 책임을 다하도록 도와야 합니다. 특히 인도자는 가르치기보다는 모든 사람이 큐티하도록 도와주는 사람임을 기억하고 참석자들이 그리스도를 경험하고 배울 수 있도록 나눔 속에서 그리스도를 바라보도록 인도해야 합니다.

4. 열심

인도자는 모든 사람이 큐티와 나눔에 대한 열심을 갖도록 도와주어야 합니다. 이를 위해서 인도자는 큐티에 대해 잘 이해하고 있어야 하며 나눔을 건강하게 이끌어 가도록 충분히 기도하며 준비해야 합니다. 또한 인도자는 참석자들에게 땀 흘릴 것을 요구해야 합니다. 모임에 참석한 사람들이 인도자의 열심을 인정할 때 스스로도 땀 흘리는 것에 대한 동기부여를 받게 됩니다.

5. 인내

인도자는 참석자들이 온전하지 않음을 알아야 합니다. 교회는 마음이 상한 자, 빚진 자, '불량배'(Trouble maker, 삼상 10:27)들이 모이는 곳입니다. 인도자라고 해서 모든 사람에게 박수를 받을 수는 없습니다. 인도자는 비판하지 말고 모든 사람에게 기회를 주어야 하며 오히려 비판적인 사람에게 귀를 기울일 줄 알아야 합니다. 인내는 무조건 참는 것이 아니라 선한 목적을 이루기 위해 하나님을 의지하는 것입니다. 인도자는 나눔의 과정을 통해 내가 아니라 주님이 한 사람 한 사람을 온전하게 빚어 가실 것을 믿고 의지해야 합니다.

6. 믿음

믿음은 인내의 동력입니다(갈 6:9). 히브리서 6장 13~20절은 하나님에 관해 결코 변할 수 없는 두 가지가 있다고 말씀합니다. 바로 하나님의 목적과 본질입니다. 하나님이 신실하신 이유는 바로 목적과 본질이 변하지 않는 분이기 때문입니다. 인도자에게도 두려운 순간이 있습니다. 하지만 인도자는 하나님의 신실

하심을 의지하는 가운데 모임에 참석한 사람들이 하나님의 신실하심을 바라보
도록 도와주어야 합니다.

7. 지혜

인도자는 말씀에 대한 지혜와 나눔을 인도할 수 있는 지혜를 하나님께 구해
야 합니다. 하나님께 지혜를 구하지 않는 인도자는 자신의 뜻을 고집하게 됩니
다. 인도자가 자신의 뜻을 고집하면 참석자들은 인도자의 그릇만큼만 자라나게
됩니다. 인도자는 자신뿐 아니라 참석자들이 하나님의 지혜를 구하도록 인도해
야 합니다.

인도자에게 요구되는 이러한 덕목들은 인도자뿐 아니라 나눔에 참석하는 모
든 사람에게 요구되며 나눔을 통해 얻어야 할 열매이기도 합니다. 모든 참석자
가 인도자에게 요구되는 덕목을 갖출 때 나눔 또한 건강하게 자랄 것입니다. 인
도자는 모임에 참석한 사람들이 이러한 덕목을 갖출 수 있도록 돕는 역할을 해
야 합니다.

❖ 성숙한 인도자가 되기 위해 노력해야 할 부분은 무엇인지 나누어 보십시오.

큐티 나눔을 위한 가이드

나눔의 시간은 개인의 큐티를 가지고 오는 시간이긴 하지만 개인의 큐티를 돕기
위해 큐티의 순서에 따라 나눔의 과정을 진행하는 것이 좋습니다.

1. 시간과 장소를 정합니다.

먼저 나눔이 방해받지 않도록 조용한 시간과 장소를 정해야 합니다. 전화나

개인적으로 처리해야 할 일들이 나눔의 과정 속에 끼어들지 않도록 세심하게 시간과 장소를 정할 필요가 있습니다. 그리고 나누는 시간을 미리 정해 놓는 것도 중요합니다. 전체 진행 시간을 참석하는 인원에 따라 고려하되 너무 길어지지 않도록 참석 인원을 결정해야 합니다. 전체 시간을 미리 정해 놓으면 인도자가 모든 사람에게 나눔의 기회가 돌아가도록 시간을 안배할 수 있으며 지엽적인 문제에 치우치지 않고 본문의 주요 주제로 돌아오도록 권면할 정당성을 부여받을 수 있습니다.

2. 찬양과 기도로 시작합니다.

나눔을 시작하기 전에 기도와 찬양으로 준비하는 시간을 갖습니다. 나눔의 과정을 성령께서 인도하시도록 기도함으로써 자신의 생각을 고집하지 않고 다른 사람의 나눔을 통해 말씀하시는 성령의 음성을 들을 수 있도록 준비합니다.

3. 인도자가 먼저 큐티를 나눕니다.

본격적인 나눔을 시작하기 전에 먼저 인도자가 한 주간의 말씀이나 자신의 삶 가운데 깊이 묵상했던 성경의 본문을 읽고 짧게 나눕니다. 이를 통해 각자의 삶과 생각만 나열되는 것을 방지하고 말씀을 중심으로 나눔이 전개되도록 나눔의 목적을 분명히 할 수 있습니다.

4. 각자의 큐티를 나눕니다.

인도자의 나눔에 이어 각자 한 주간 있었던 일을 말씀과 더불어 나눕니다. 자신이 깨달았던 말씀이나 들었던 음성이 무엇인지 그리고 어떤 사건들 속에 하나님이 말씀으로 개입하셨는지 나누며 자신의 반응까지 이야기합니다. 나눔의 과정에서 실패했던 이야기들도 자연스럽게 나누며 여전히 풀리지 않는 개인의 어려운 상황과 기도 제목도 나눌 수 있습니다. 나눔은 서로를 격려하고 위로하는 시간이 되어야 하며 다른 사람의 나눔을 통해 자신을 돌아보는 시간이 되어야 합니다. 각자 큐티한 내용을 나눌 때 인도자는 구체적인 나눔이 되도록 질문하거나 다른 사람의 입장에서 생각해 보도록 질문할 수 있습니다. 나눔에서 언급된 문제에 대해 다른 사람의 의견을 물어볼 수도 있을 것입니다. 이때 대답을 강요하지 않는 것이 중요합니다. 또한 인도자는 나눔에서 소외된 사람은 없는지, 모든 사람에게 골고루 나눔의 기회가 돌아가는지, 너무 개인적으로 주제가 흘러가지 않는지 살펴서 조정하는 역할을 해야 합니다.

5. 나눔을 정리합니다.

인도자는 나눔이 충분히 이루어졌다고 판단되면 참석자들이 함께 나눌 수 있는 공통적인 주제를 질문하고 함께 나누도록 합니다. 이때 질문은 참석자들이 개인적인 삶의 문제에 집착하지 않고 나눔의 공동체성을 확보할 수 있는 질문이 되어야 합니다. 이를 위해서 모든 참석자가 자신의 문제로 공감할 수 있는 이야기를 나눔의 주제로 정하는 것이 좋습니다. 또한 매주 나눔이 진행되면서 해결되지 않고 반복적으로 언급되는 주제에 대해서는 한 번쯤 정리해 주는 것도 좋습니다. 인도자는 이 과정이 토론이 아닌 나눔이 되도록 주의해야 하며 모든 사람이 문제에 대해 이해하고 공감하는지 살펴야 합니다.

6. 기도로 마칩니다.

나눔을 마무리하면서 서로 나눈 내용과 기도 제목을 가지고 기도하는 시간을 갖습니다. 개인적인 기도 제목은 물론이고 공동체를 위한 기도 제목도 나누고 기도합니다. 건강한 나눔은 자신은 물론이고 나눔에 참석하는 모든 사람의 삶을 지속적으로 변화시키며 그리스도의 제자로 이 땅을 살아가게 하는 귀한 통로가 될 것입니다.

인도자를 위한 큐티 나눔의 실제

1. 고린도전서 15장 12~32절을 돌아가며 순서대로 한 절씩 읽습니다.

2. 인도자가 본문에 대해 설명합니다.

본문은 부활에 대해 상반된 태도를 가진 사람들에 대한 내용을 다룹니다. 부활이 없다고 이야기하는 사람과 부활이 있다고 이야기하는 사람들입니다. 보통 구역 모임(순 모임)이나 성경 공부 모임에서는 일반적으로 부활에 대한 설명과 부활에 대한 개인의 믿음을 확인하는 쪽으로 모임이 진행됩니다. 하지만 사실상 모임에 참석하는 대부분의 성도 가운데 부활에 대해 부정하는 사람은 거의 없습니다. 따라서 본문을 개인의 큐티 나눔으로 인도하기 위해서는 부활에 대한 설명으로 그쳐서는 안 되며 부활과 관련된 자신의 태도를 점검하는 방향으로 나아가야 합니다. 이를 위해 본문을 설명할 때 부활이 없다고 말하는 사람과 부활이 있다고 말하는 두 종류의 사람에 대해 설명하는 것이 아니라, 부활이 있다고 말하면서도 부활이 없다고 말하는 사람처럼 살아가는 사람의 특징에 대해 설명해 주어야 합니다. 부활이 있다고 이야기하면서도 여전히 죄 가운데 살아가는 사람은 실제로는 부활을 부정하는 사람과 같음을 본문이 지적하고 있다고 설명함으로써 부활과 관련된 자신의 태도를 점검하는 방향으로 나눔이 이어지게 해야 합니다.

3. 나눔을 위한 질문

본문은 부활이 있다고 말하면서도 여전히 죄 가운데 있는 사람은 부활을 부정하는 사람과 같다고 말합니다.

❖ 부활이 있다고 말하면서도 부활을 부정하는 사람은 어떤 사람입니까? (32절, 오늘을 전부처럼 여기며, 고난을 피하고, 쾌락을 좇으며 죄를 짓는 사람입니다.)

❖ 부활이 있다고 말하면서도 부활을 부정하는 사람에 대해 성경은 어떤 자라고 말합니까? (19절, 옛것을 부여잡는 자, 스스로를 불쌍하게 만드는 자입니다.)

❖ 과연 여러분은 부활을 인정하는 삶을 살고 있습니까? (각자의 나눔)

❖ 부활을 인정하며 산다면 자신의 삶 속에서 고쳐야 할 부분은 어떤 것입니까?
(생각, 습관, 삶의 태도 등과 관련된 각자의 나눔)

4. 나눔에 대한 정리

부활의 확신은 미래의 삶을 결정할 뿐 아니라 오늘을 어떻게 사느냐의 문제와 불가분의 관계에 있습니다. 부활에 대한 믿음은 입으로 고백하는 것으로 충분하지 않습니다. 우리의 삶이 우리의 믿음을 말해 줍니다. 우리의 삶이 부활을 고백하고 나타낼 수 있도록 각자의 삶을 되돌아보고 고쳐 나가는 결단이 있기를 바랍니다.

일상을 넘어 사명과 비전에 이르는 나눔

나눔에 참여하는 사람들 가운데에는 자신의 이야기를 잘 정리해서 이야기하지 못하는 분들도 있습니다. 가급적이면 주제에서 벗어나지 않도록 하기 위해 이런 사람들에게는 자신이 나눌 이야기를 미리 정리해 오도록 하는 것이 좋습니다. 큐티 노트를 적도록 훈련시키는 것도 인도자가 담당해야 할 몫입니다. 인도자는 처음 나눔을 시작할 때 구성원들이 간증의 형태로 자신의 이야기를 적어 보도록 하고 함께 나누도록 하는 것이 좋습니다. 이로써 개인적인 삶에 대해 깊이 이해할 수 있고 자신에 대해 분명히 정리할 수 있는 기회가 되기 때문입니다.

일정한 기간 동일한 구성원들과 나눔을 하다 보면 나눔이 일정한 주제에서 맴도는 경우가 있습니다. 우리의 삶을 붙잡고 있는 것들이 매번 다양할 수는 없기 때문에 이러한 현상은 당연한 것입니다. 인도자는 이러한 때를 나눔의 정체기로 보기 쉽습니다. 하지만 이때는 나눔의 정체기가 아니라 많은 나눔을 통해 서로의 삶을 충분히 이해하게 된 시기로 보는 게 맞습니다. 이러한 시기에 인도자는 구성원들이 자신의 삶보다는 하나님과 세상을 끊임없이 생각하고 나눌 수 있도록 인도해야 합니다. 이제 나눔의 구성원들이 사명과 비전을 이야기할 때가 된 것입니다.

열두 번째 만남을 통해 나눔에 대해 알아보았습니다. 열두 번째 만남에서 배운 것을 다음 질문을 통해 다시 한 번 점검해 보십시오.

1. 나눔이 필요한 이유에 대해 나누어 보십시오.
2. 나눔의 원칙에 대해 나누어 보십시오.
3. 인도자의 역할에 대해 나누어 보십시오.

【 과제 】
1. 열두 번째 만남에서 공부한 내용을 복습하십시오.
2. 큐티 나눔에 참석하십시오.

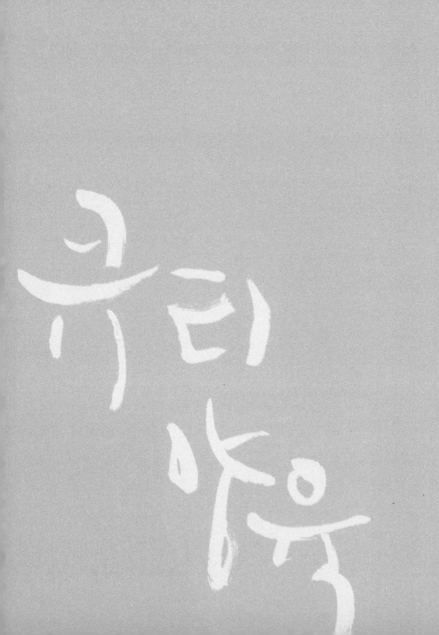

우리 교회도
큐티로 성장할 수 있다

우리 교회도
큐티로 성장할 수 있다

❀ 일대일 혹은 소그룹으로 큐티를 훈련하기 위한 교재

이 교재는 교회와 나눔방에서 일대일 또는 소그룹으로 큐티를 양육하고 훈련하기 위해 제작되었습니다. 이 교재는 양육자(양육하는 자)와 동반자(양육받는 자)가 일주일을 주기로 12번의 만남을 통해 큐티에 대한 성경적 이해와 큐티 방법을 훈련하고 실습하도록 구성되어 있습니다. 일대일 큐티 양육은 양육자가 동반자에게 큐티에 대한 성경적 이해를 제공할 뿐 아니라 매주 큐티를 점검함으로써 큐티를 생활화하도록 하는 데 목적이 있습니다. 또한 매주 진행되는 만남을 통해 서로의 큐티를 나눔으로써 큐티에 대한 깊은 이해를 돕고 교회 혹은 지역의 나눔방에 연결되어 지속적인 큐티 생활을 할 수 있도록 도울 것입니다.

❀ 교회의 큐티 정착을 위한 과제

1. 교회 점검
교회 내에 큐티 훈련이 성공적으로 접목되려면 목회자의 의지와 목회자 및 성도들의 큐티에 대한 올바른 이해가 필요합니다. 교회에서 큐티 양육을 시작하기 전에 먼저 성도들의 영적인 상태에 대해 점검할 필요가 있습니다. 성도들이 자신들의 영적인 갈망을 어떤 방법을 통해 해결하고 있는지 점검해 보십시오. 성도들은 예배, 봉사와 사역, 성경 공부, 소그룹 모임 등 다양한 방법으로 영적인 갈망을 해결하고 있을 것입니다. 성도들은 이러한 방법을 통해 자신의 영적인 상태에 만족하거나 혹은 불만을 가지고 있을 것입니다. 또한 자신의 영적인 갈망에 대해 무지한 경우도 있을 것입니다. 목회자는 이러한 성도들의 영적인 상태를 점검함으로써 큐티 과정 운영에 대한 필요성을 교회 내에서 확인할 수 있습니다.

성도들의 영적인 상태뿐 아니라 교회의 기타 프로그램 운영이 큐티 과정 운영에 대한 필요성을 반감시킬 수 있습니다. 교회에서 성경과 관련된 프로그램이 과도하게 진행되거나 반대로 진행되고 있지 않다면 큐티 훈련에 대한 필요성을 느끼지 못할 수도 있습니다. 교회 내에서 목회자나 성도들이 큐티에 대한 필요성을 느끼지 못하는 경우에는 큐티가 본래의 목적과 달리 일회성 프로그램이 될 수 있습니다. 목회자뿐 아니라 성도들이 큐티 훈련의 필요성을 인식할 때 큐티가 교회 내에 온전히 정착될 수 있습니다.

2. 목회자의 역할
큐티 프로그램을 자체적으로 운영하는 초기 단계에는 큐티에 대한 목회자의 의지가 큐티의 정착에 절대적인 관건입니다. 큐티 양육 과정을 운영할 때 먼저 교회 내에서 큐티 사역을 담당할 교역자와 리더를 정해서 큐티 사역의 구심점을 만들어 주는 것이 필요합니다. 교회가 큐티를 프로그램으로 이해하거나 큐티 생활의 열매를 너무 조급하게 기대할 때, 성도들이 부분적으로 참여할 때, 세미나가 지속적인 양육과 나눔으로 이어지지 않을 때, 목회자가 성도의 큐티 생활을 지속적으로 관리하지 않을 때 큐티가 제대로 정착될 수 없다는 점을 유의하십시오.

❖ 큐티 양육 정착을 위한 단계별 과정

1. 초기 단계

큐티 양육 과정을 도입하는 초기 단계에서는 먼저 전 교인을 대상으로 한 큐티 세미나를 실시합니다. 큐티 세미나는 교회에서 자체적으로 큐티 담당 목회자가 기본적인 큐티 교육을 실시할 수도 있고 전문 큐티 사역 기관의 강사를 초청해서 큐티 세미나를 개최할 수도 있습니다. 큐티가 교회 양육 과정으로 정착된 교회의 도움을 얻는 것도 하나의 방법입니다. 교회에서 자체적으로 세미나를 진행하기 어렵거나 전문 큐티 사역 기관의 강사를 초청하기 어려운 경우에는 CGN TV(www.cgntv.net)의 큐티 강의 동영상을 사용할 수 있습니다.

첫 세미나를 마친 후 목회자는 성도들이 매일 큐티를 생활화하도록 강조해야 합니다. 이를 위해 교회 내에 조직된 소그룹(구역, 목장, 순, 다락방, 속회 등)을 통해 나눔이 지속될 수 있도록 지도해야 합니다. 소그룹에서의 큐티 나눔은 성도들이 큐티를 지속할 수 있도록 돕는 역할을 합니다. 이를 위해 전체 성도가 동일한 본문을 묵상할 수 있도록 「생명의 삶」과 같은 통일된 큐티지를 정해서 사용하는 것이 좋습니다. 소그룹에서의 큐티 나눔은 교회 자체적인 소그룹 교재를 사용할 수도 있고 「생명의 삶」을 사용할 경우 수록된 나눔식 소그룹 모임 교재를 사용할 수도 있습니다. 초기 단계에서는 약 3개월 단위로 2~3회 정도 세미나를 반복함으로써 성도들이 큐티에 대한 관심을 잃지 않도록 해야 합니다.

2. 정착 단계

1) 나눔방 개설

2~3회 세미나가 진행된 이후 성도들의 큐티 동참 여부를 확인하십시오. 교회 전반적으로 큐티에 대한 관심과 참여가 확인되면 기존의 소그룹 외에

큐티 나눔방을 개설해 주십시오. 큐티 나눔방은 큐티를 지속하고 개인적인 큐티의 한계를 보완하기 위한 모임입니다.

나눔방은 시간과 일정을 고려하여 주간반과 저녁반으로 나누어 개설할 수 있으며 대상에 따라 여성, 남성, 청년 혹은 주일학교 교사 등으로 세분하여 개설할 수 있습니다. 나눔방은 반드시 성별을 구분하여 개설해야 합니다. 나눔방을 개설하는 이유는 기존의 소그룹에서는 남성과 여성이 함께 나누므로 투명한 나눔을 하기 어렵기 때문입니다. 여성들을 위한 주간반과 남성들을 위한 저녁반 그리고 청년들을 위한 토요반 등으로 세분해서 개설하는 것이 좋습니다. 세 반을 한꺼번에 개설하기보다는 한 반씩 차례로 개설하는 것이 좋으며 여성, 남성, 청년의 순서로 나눔방을 개설해 주십시오. 나눔방은 매주 1회 시간과 장소를 정해 정기적으로 모일 수 있도록 인도해 주십시오.

나눔방 운영은 인원은 2~10명, 시간은 2~4시간 정도가 적당합니다. 나눔방은 큐티를 통해 들은 하나님의 음성과 변화된 나의 삶을 나누는 곳으로 성경 해석을 나누거나 토론하는 곳이 아닙니다. 내게 적용한 것을 나누도록 하며 나눌 때 '잘했다, 잘못했다' 등 판단하지 않아야 합니다. 또한 서로가 말과 행동을 절제하고 조용한 가운데 삶을 나눌 수 있도록 하며 지나친 안부나 일에 대한 이야기를 나누지 않아야 합니다. 서로에 대한 열린 마음을 가지고 정직하게 나누어야 하며 교회를 위해 그리고 가족과 지역을 위해 중보 기도해야 합니다. 음식은 준비하지 않는 것을 원칙으로 하며 교회 행사를 우선하도록 운영합니다.

나눔방을 개설하면 나눔방을 인도할 수 있는 리더를 세워야 합니다. 지속적으로 큐티해 온 분 가운데 전문 큐티 사역 기관에서 운영하는 큐티 세미나를 수료했거나 큐티 나눔방 리더 교육을 마친 분 또는 현재 나눔방 사역을 하고 계신 분을 대상으로 리더를 세울 수 있습니다. 나눔방 리더는 오랫동안 큐티를 해 온 성실한 분으로 세우되 리더로 세울 분이 없으면 리더가 세워지기까지 교역자가 리더의 역할을 대신합니다. 하지만 교역자가 리더로 나눔을 인도하면 성도들이 나눔에 참여하기 어렵다는 단점이 있음을 감안하여 가급적 성도 가운데 리더를 세우는 것이 바람직합니다.

2) 큐티 사역팀 구성

담당 목회자는 나눔방 리더를 포함한 교회의 리더를 중심으로 교회 내에 큐티 사역을 전담할 사역팀을 구성합니다. 큐티 사역팀은 사역 전반을 담당할 인원(팀장, 총무, 회계, 서기 등)이 각 사역을 담당할 인원으로 구분하여 구성합니다. 큐티 사역팀이 담당할 사역은 다음과 같습니다.

① 정기적인 큐티 세미나의 준비와 진행을 담당합니다.
② 나눔방 개설과 진행을 담당합니다.
③ 큐티 일대일 양육의 양육자–동반자 연결, 양육 진행 점검 및 양육 후 사후 관리를 담당합니다.
④ 나눔방 리더 훈련을 담당합니다.
⑤ 교회의 큐티 사역 전반 업무를 담당합니다.

3) 큐티 일대일 양육 도입

나눔방 개설과 함께 성도들을 대상으로 큐티 일대일 양육을 시작합니다. 교회 상황에 따라 나눔방의 기능을 '큐티 나눔'과 '큐티 양육'으로 이분화해 나눔방에서 양육자와 동반자를 연결하여 큐티 양육을 담당하게 할 수 있으며 교회 전체적으로 일대일을 연결하여 양육을 진행할 수도 있습니다. 큐티 사역팀은 양육자 연결과 진행을 점검하고 동반자가 나눔방에 연결되어 큐티를 지속할 수 있도록 양육의 전반적인 과정을 담당합니다.

큐티 사역팀은 양육이 끝난 동반자를 대상으로 연 1~2회 정기적으로 양육자 반을 개설합니다. 양육자 반은 동반자 교육을 마친 사람이 일대일 양육을 할 수 있도록 양육자로 세우는 과정입니다. 양육자 반의 강의와 진행은 교역자가 담당합니다. 이 교재에 포함된 다음의 내용을 중심으로 양육자 반 과정을 진행하십시오. 양육자 반 강의 횟수와 일정은 교회에서 자체적으로 결정해서 진행합니다.

① 일대일 양육의 이해와 필요성
② 큐티의 성경적 이해와 필요성
③ 읽기의 이해와 실제
④ 해석의 이해와 실제
⑤ 조명, 교제의 이해와 실제
⑥ 성경의 주요 주제에 대한 이해: 율법, 구원, 사명, 축복, 고난
⑦ 적용의 이해와 실제
⑧ 나눔의 이해와 실제
⑨ 일대일 양육 실습 및 교재 활용 방법

3. 성숙 단계
세미나를 진행하고 나눔방을 개설한 후 큐티를 정착시키기 위해서는 큐티 훈련을 위한 교회 양육 과정을 만들 필요가 있습니다.

1) 큐티 세미나
새로운 성도나 기존의 성도를 재교육하기 위한 목적으로 연중 큐티 세미나를 계획하여 진행합니다. 큐티 세미나는 가급적 새신자와 기존 성도를 대상으로 병행하여 진행하는 것이 좋으며 세미나 횟수는 교회 상황에 맞게 자체적으로 결정합니다.

2) 나눔방 확대

성도들의 큐티 생활이 정착되고 나눔방이 기능을 하게 되면 1~2개 정도의 나눔방을 더 개설하도록 합니다. 연령(30~40대와 50~60대)을 기준으로 나눔방을 나누면 더 효율적으로 나눔이 진행될 수 있으며 나눔방 리더는 기존의 나눔방에 참여했던 분 중에서 세우도록 합니다.

나눔방의 숫자가 확대되면 본부 나눔방과 지역 나눔방으로 구분합니다. 본부 나눔방은 담당 교역자 또는 큐티 사역자가 운영하며 본부 나눔방에 참석한 리더들이 각 지역 나눔방을 담당하도록 합니다.

이러한 과정을 통해 나눔방에서 지속적으로 큐티 일대일 양육자가 재생산될 수 있으며 이를 위해 연중 1~2회 나눔방의 리더를 대상으로 '개인 영성 관리' 및 '나눔방 운영의 실제' 등과 관련된 지속적인 훈련을 진행합니다. 또한 담당 교역자는 나눔방을 통한 사역이 진행될 수 있도록 합니다.

3) 양육 과정 체계화

교회 전반적으로 큐티 일대일 양육이 정착될 수 있도록 양육 과정을 체계화합니다. 일대일 양육을 수료한 자들이 양육자 반 과정을 거쳐 일대일 양육을 통해 재생산할 수 있도록 합니다. 또한 나눔방에 지속적으로 참여하며 나눔방 리더와 큐티 사역자로 세워질 수 있도록 양육합니다. 이와 함께 교회에서 개인의 큐티와 나눔방의 필요를 도울 수 있는 기도 훈련, 성경 대학, 제자 양육을 병행하여 개인의 큐티가 성숙할 수 있는 환경을 만드는 것이 중요합니다.

4) 큐티를 위한 환경 조성

큐티 양육 과정을 정착시키는 것과 함께 성도들이 교회에서 늘 큐티를 접할 수 있는 환경을 만들어 주는 것이 중요합니다. 새벽 예배를 큐티지의 본문으로 진행하거나 한 주간 큐티한 본문으로 주일 예배 설교, 수요 예배 설교를 하는 것도 성도들이 큐티를 생활화할 수 있는 좋은 방법입니다. 주일 예배가 끝난 후 오후 시간을 이용해서 순이나 구역을 중심으로 전 교인이 큐티를 나눌 수 있게 인도해 주는 것도 나눔이 교회 내에 정착되고 자라날 수 있도록 돕는 방법이 될 것입니다.

참고 도서 및 기타 자료

□ 큐티론
1. 「큐티하면 행복해집니다」, 하용조, 두란노, 2008
2. 「큐티 사랑」, 이기훈, 두란노, 2007.
3. 「큐티가 어려우십니까?」, 라채광, 두란노, 1990
4. 「QT 이렇게 하라」, 이상규, 두란노, 2005
5. 「큐티 리더 누구나 할 수 있다」, 김원태, 두란노, 2002
6. 「큐티는 파티다」, 탁주호, 성서유니온, 2006.
7. 「생명의 삶으로 이끄는 QT」, 이정엽, 두란노, 2006.

□ 읽기
1. 「성서를 읽는 11가지 방법」, 김재성 外, 생활성서, 2001.
2. 「어떻게 천천히 읽을 것인가?」, 제임스 사이어, 이레, 2004.
3. 「성경 바로 읽기」, 민영진, 대한기독교서회, 1999.
4. 「바이블 FAQ」, 민영진, 대한기독교서회, 2006.
5. 「책 읽기의 즐거운 혁명」, 장경철, 두란노, 1999.
6. 「성경의 맥을 잡아라」, 문봉주, 두란노, 2007.

□ 묵상론
1. 「성경 공부 어떻게 할 것인가?」, 브라이언 엡샤이어, 성서유니온, 2000.
2. 「성경을 아는 지식」, R. C. 스프로울, 성경읽기, 1988.
3. 「묵상하는 삶」, 켄 가이어, 두란노, 2000.
4. 「묵상과 영적 성숙」, 강준민, 두란노, 1997.
5. 「묵상하는 그리스도인」, 오대원, 예수전도단, 2005.
6. 「묵상, 하나님을 알아가는 시작입니다」, 서승동, 예수전도단, 2001.
7. 「묵상의 능력」, 토마스 머튼, 두란노, 2006.

□ 묵상집

1. 「행복한 아침」, 하용조, 두란노, 2006

2. 「감사의 저녁」, 하용조, 두란노, 2011.

3. 「삶이 메시지다」, 김기석, 포이에마, 2010.

4. 「내 영혼을 강건하게 하는 주의 말씀」, 존 파이퍼, 디모데, 2004.

5. 「생손앓이」, 김혜윤, 생활성서, 2006.

6. 「묵상」, 존 파이퍼, 좋은 씨앗, 2000.

7. 「양과 목자」, 필립 켈러, 생명의 말씀사, 2008.

□ 적용

1. 「어떻게 성경을 적용할 것인가」, 잭 쿠하쉑, IVP, 1996.

2. 「성경 어떻게 적용할 것인가」, 송인규, 성서유니온, 2001.

3. 「연길 사는 울배기」, 김학원, 홍성사, 2012.

□ 나눔

1. 「소그룹 리더 핸드북」, IVF 자료 개발부, IVP, 1996.

2. 「소그룹 성경공부 어떻게 인도할 것인가」, 팻 시코라, 소그룹하우스, 2003.

3. 「큐티 라이프」, 김은애, 두란노, 2008.

4. 「보석을 캐는 리더」, 백은실, 두란노, 2007.

5. 「하나님의 임재 연습」, 로렌스 형제, 두란노, 1996.

□ 기타 자료

1. 「성경 여행 스케치」, 김혜윤, 바오로딸, 2006

2. 「성경 여행 스케치 2」, 김혜윤, 바오로딸, 2008.

3. 「성공의 법칙」, 맥스웰 몰쯔, 비즈니스북스, 2003.

4. 「예수를 닮아 가는 영성 여행 길라잡이」, M. 로버트 멀홀랜드, 살림, 2008.

5. 「로마서 강해 I」, 권성수, 선교햇불, 1995.

6. 「로마서 강해 II」, 권성수, 햇불, 1999.

7. 「관상과 식별」, 로버트 훼리시, 성서와함께, 1996.

8. 「누가 거짓말을 하고 있는가」, 김종배, 쌤앤파커스, 2012.